可及与包容

公共图书馆残障阅读服务创新研究

郑 丹 著

东南大学出版社
SOUTHEAST UNIVERSITY PRESS
·南京·

图书简介

本书是一部深入探讨公共图书馆在残障阅读服务领域的理论与实践的专著。著者立足于公共图书馆的社会使命,结合国内外丰富的实践经验,系统地分析了残障阅读服务的现状、问题及未来发展方向,旨在为公共图书馆提供科学、可行的服务创新路径。本书主要面向图书馆学研究人员、公共图书馆管理人员、政策制定者以及关注残障群体文化权益的社会工作者。此外,对于有兴趣了解公共图书馆服务创新及社会包容性建设的读者也具有较高的参考价值。

图书在版编目(CIP)数据

可及与包容:公共图书馆残障阅读服务创新研究 / 郑丹著. -- 南京:东南大学出版社,2025.3. -- ISBN 978-7-5766-2147-1

Ⅰ.G258.2

中国国家版本馆 CIP 数据核字第 20259LY480 号

责任编辑:张 煦　　责任校对:张万莹　　封面设计:王 玥　　责任印制:周荣虎

可及与包容:公共图书馆残障阅读服务创新研究
Keji Yu Baorong: Gonggong Tushuguan Canzhang Yuedu Fuwu Chuangxin Yanjiu

著　者	郑 丹
出版发行	东南大学出版社
社　址	南京市四牌楼 2 号　邮编:210096
出 版 人	白云飞
网　址	http://www.seupress.com
经　销	全国各地新华书店
印　刷	广东虎彩云印刷有限公司
开　本	700 mm × 1000 mm　1/16
印　张	13.25
字　数	230 千字
版　次	2025 年 3 月第 1 版
印　次	2025 年 3 月第 1 次印刷
书　号	ISBN 978-7-5766-2147-1
定　价	78.00 元

本社图书若有印装质量问题,请直接与营销部联系调换。电话(传真):025-83791830

前　言

　　公共图书馆是传播公共文化的主要场所，担负着为公民提供文化服务的重要责任，在全民阅读大背景下，借着公民文化需求增长的东风，公共图书馆的读者服务工作将迎来新的机遇。

　　中国图书馆学会在《图书馆服务宣言》中明确规定图书馆要保障全体社会成员普遍均等地享有图书馆服务，并在服务中体现人文关怀，应特别致力于消除弱势群体利用图书馆的困难，为全体读书者提供人性化、便利的服务。

　　残障人士作为社会中的弱势群体，因其生理或心理上的局限，往往难以充分享有社会所赋予的各项权益。公共图书馆，作为一个致力于向所有读者提供平等服务的文化机构，承载着为残障人士提供全面公共文化服务的神圣使命。助力他们参与文化活动，逐步融入社会大家庭。此外，公共图书馆依托其庞大的文献馆藏与资源优势，借助新兴技术的加持能够有效且高质量地为残障读者提供阅读服务。为推动社会的和谐与持续进步，公共图书馆需不断精进面向残障读者的服务水平，以更加专业、贴心的服务，彰显社会对残障群体的关怀与尊重。

　　阅读是残障群体的基本权益。公共图书馆不仅是推动全民阅读的重要平台，也是向残障人士提供阅读支持的核心力量。对于作为弱势群体的残障人群，公共图书馆有责任也有义务关心和支持残障读者，保障其阅读权利。真正遵循公共阅读服务均等化原则，实现从"无障碍"到"可及性"，更好地满足残障人士的阅读需求，彰显现代社会的公平与正义。

　　这本书的内容共七章，大致可以划分为三个部分。第一部分，由第一章至第四章构成，深度聚焦于公共图书馆在残障服务领域的理论框架构建。第一章探讨了公共图书馆的社会使命，特别是在残障服务方面的责任与实践，提出了公共图书馆在残障阅读服务中的研究框架与文献综述，为后续深入研究提供了理论基础和文献支持。第二章详细探讨了公共图书馆残障阅读服务的现状与问题，从国际经验、国内现状、问题成因等多个维度进行了深入分析，通过拆解典型国家的残障阅读服务模式和国内服务现状、分析问题成因，为我国公共图书馆残障阅读服务提供了全面的视角。第三章则从社会正义的视角出发，深入探讨残障阅读服务的理念与实践，致力于推动图书馆服务向更加包容、平等和可及的方向发展。第四章则在此基础上，提出基于社会正义的残障阅读服务制度构建的设想，推进政府、图书馆、社会组织与残障群体的合作模式，旨在推动公共图书馆更好地满足残障人士的阅读需求，促进社会公平与正义。这些章节层层递进，形成了对公共图书馆残障服务的系统的理论分析。

第二部分涵盖第五章与第六章，重点转向技术创新与实践探索。第五章聚焦于新兴技术的创新应用，如智能辅助设备、无障碍数字资源、虚拟现实与增强现实技术在残障服务中的应用等，探讨了技术如何成为提升服务质量、拓宽服务范围的关键驱动力，总结技术创新在促进残障阅读服务现代化进程中的积极作用和巨大潜力。第六章则通过对国内外公共图书馆残障阅读服务的典型案例分析，展示了不同图书馆在残障服务方面的创新实践和经验成果。为公共图书馆残障阅读服务的发展提供了宝贵的经验和启示。

第三部分即本书的第七章，主要探讨了公共图书馆残障阅读服务的未来展望，从技术发展趋势与挑战、社会观念与文化环境的改善、可持续发展的服务模式以及国际交流与合作的机遇四个方面进行了详细阐述。在技术发展趋势与挑战方面，指出新技术如AI、虚拟现实、增强现实等将为残障阅读服务带来革命性变化，但同时也面临着伦理、版权、网络安全等潜在风险。在社会观念与文化环境的改善方面，强调了残障群体的社会融入与文化认同的重要性，提出通过政策支持、文化助残活动等方式提升公众对残障服务的认知与支持。在可持续发展的服务模式方面，建议通过资源整合与共享机制的优化、社会参与和志愿者服务的拓展等方式，构建更加高效、包容、可持续的残障服务体系。在国际交流与合作的机遇方面，探讨了国际残障服务标准的接轨、跨国合作项目的可能性与价值，提出通过国际合作推动残障服务的全球化发展。为公共图书馆残障阅读服务的未来发展提供了全面的展望和建议，旨在推动残障阅读服务向更加智能化、包容化、可持续化的方向发展。

　　本书旨在通过全面而系统的理论分析与丰富多样的实践案例研究，综合总结国内外在残障服务领域的宝贵经验，进而深入探讨公共图书馆在推动和实现社会正义过程中所扮演的关键角色及其应承担的重要责任。具体而言，它不仅仅局限于对现有理论的梳理，而是通过广泛的文献回顾和典型案例的分析，将理论与实践紧密结合。通过对残障群体需求的深度挖掘和细致分析，力图全方位展现公共图书馆在服务这一特殊群体时所面临的一系列复杂问题与严峻挑战。这些问题与挑战既包括物理环境的无障碍设计不足，也涵盖信息资源的可及性障碍，以及服务态度与文化包容性的欠缺等多个层面。在此基础上，本书进一步提出了一系列具有针对性和可操作性的实践路径与策略，旨在为公共图书馆在未来的发展规划与实际操作中提供坚实的理论支撑与具体的实践指导，从而推动公共图书馆真正成为促进社会融合与公平正义的重要力量。

二零二五年元旦

目　录

第一章　绪论：公共图书馆与社会正义 ·· 001

 第一节　公共图书馆的社会使命 ·· 001

  1.1　公共图书馆相关概念 ·· 001

  1.2　公共图书馆的历史演变 ·· 003

  1.3　现代公共图书馆的核心价值 ·· 004

  1.4　公共图书馆在现代社会发展中的使命 ······························· 006

 第二节　CRPD 公约与社会正义理论概述 ·································· 007

  2.1　什么是 CRPD 公约 ·· 007

  2.2　CRPD 公约对残障群体的意义 ·· 013

  2.3　社会正义的定义与内涵 ·· 014

  2.4　社会正义理论在公共服务领域的应用 ······························· 017

 第三节　残障群体与社会正义 ·· 019

  3.1　残障群体的定义、分类及特征 ·· 019

  3.2　残障群体的社会地位与需求 ·· 021

  3.3　残障群体阅读需求的特征及表现 ······································ 023

  3.4　残障人群阅读推广面临的挑战 ·· 026

 第四节　研究框架与文献综述 ·· 027

  4.1　本书的研究思路 ·· 027

  4.2　文献综述 ·· 028

第二章　公共图书馆残障阅读服务的现状与问题 ·························· 031

 第一节　国际公共图书馆残障服务的发展与启示 ···················· 031

  1.1　国际公共图书馆残障服务的发展历程 ······························· 031

1.2 典型国家的残障阅读服务模式 ……………………………… 033
　　1.3 国际经验的启示 ……………………………………………… 044
第二节 中国公共图书馆残障服务的现状 ……………………………… 046
　　2.1 政策支持与法规保障 ………………………………………… 046
　　2.2 现有服务设施与资源 ………………………………………… 047
第三节 残障阅读服务存在的问题 ……………………………………… 048
　　3.1 服务可及性不足 ……………………………………………… 048
　　3.2 服务内容单一 ………………………………………………… 049
　　3.3 专业人才匮乏 ………………………………………………… 049
　　3.4 技术应用滞后 ………………………………………………… 049
第四节 问题成因分析 …………………………………………………… 050
　　4.1 社会观念与文化因素 ………………………………………… 050
　　4.2 资源分配与政策执行 ………………………………………… 051
　　4.3 技术与成本的制约 …………………………………………… 053

第三章 社会正义视角下的残障阅读服务理念 …………………… 055
第一节 包容性服务的理论基础 ………………………………………… 056
　　1.1 残障群体的多元需求 ………………………………………… 056
　　1.2 包容性服务的定义与特征 …………………………………… 057
　　1.3 包容性服务设计 ……………………………………………… 058
第二节 公平与平等：服务理念的核心 ………………………………… 059
　　2.1 《马拉喀什条约》 …………………………………………… 059
　　2.2 实施《马拉喀什条约》的意义 ……………………………… 060
　　2.3 残障群体的阅读权利 ………………………………………… 060
　　2.4 公平服务的实现路径 ………………………………………… 062
第三节 社会正义与图书馆服务的伦理考量 …………………………… 064
　　3.1 社会正义理论的核心维度与图书馆服务适配性 …………… 064
　　3.2 社会正义理念对图书馆服务的指导意义 …………………… 066
　　3.3 服务中的伦理困境与应对策略 ……………………………… 069
　　3.4 联合国《残疾人权利公约》（CRPD）的图书馆实践解读 … 072
第四节 从"无障碍"到"可及性"：服务理念的转变 ………………… 074

  4.1 无障碍服务的局限性 ········ 074
  4.2 可及性服务的内涵与实践 ········ 077
  4.3 可及性服务的政策与标准支持 ········ 079

第四章 基于社会正义的残障阅读服务制度构建 ········ 080

第一节 政策保障与法规完善 ········ 080
  1.1 国际残障服务政策 ········ 080
  1.2 国内残障服务政策 ········ 083
  1.3 国内外残障服务政策的比较分析 ········ 086
  1.4 中国残障阅读服务政策的优化建议 ········ 089

第二节 资源分配与公平性原则 ········ 091
  2.1 公共图书馆资源分配的现状 ········ 091
  2.2 基于公平性的资源分配策略 ········ 096

第三节 服务标准与质量监控 ········ 098
  3.1 残障阅读服务标准的制定 ········ 098
  3.2 质量监控体系的构建 ········ 101

第四节 多方合作与协同机制 ········ 105
  4.1 政府、图书馆、社会组织与残障群体的合作模式 ········ 105
  4.2 协同机制的运行与保障 ········ 108

第五章 残障阅读服务的技术实践创新 ········ 111

第一节 辅助技术在残障阅读中的应用 ········ 111
  1.1 视障阅读技术 ········ 111
  1.2 听障阅读技术 ········ 113
  1.3 肢障阅读技术 ········ 115

第二节 数字图书馆与残障服务 ········ 117
  2.1 数字资源的无障碍设计 ········ 117
  2.2 数字图书馆平台的可及性优化 ········ 119

第三节 新兴技术的探索与应用 ········ 122
  3.1 人工智能在残障服务中的潜力 ········ 122
  3.2 虚拟现实与增强现实技术在残障服务中的应用前景 ········ 129

第四节 技术实践中的伦理风险与隐私保护 ········ 133

  4.1 技术应用中的伦理风险……………………………………133
  4.2 残障群体的隐私保护与数据安全……………………………137

第六章　典型案例分析：国内外公共图书馆的实践探索…………140
 第一节　国际案例分析………………………………………………140
  1.1 美国图书馆协会的残障服务项目……………………………140
  1.2 英国公共图书馆的包容性服务实践…………………………143
  1.3 日本图书馆的无障碍服务经验………………………………146
 第二节　国内案例分析………………………………………………150
  2.1 北京图书馆的残障阅读服务经验……………………………150
  2.2 上海图书馆的无障碍服务创新………………………………153
  2.3 其他地方图书馆的包容性服务实践…………………………157
  2.4 中国盲文图书馆的可及性服务范式…………………………161
 第三节　案例分析总结与启示………………………………………163
  3.1 成功经验的共性与差异………………………………………163
  3.2 对中国公共图书馆的启示与借鉴……………………………167

第七章　公共图书馆残障阅读服务的未来展望……………………170
 第一节　技术发展的趋势与挑战……………………………………170
  1.1 新技术对残障服务的影响……………………………………170
  1.2 技术发展中的潜在风险………………………………………174
 第二节　社会观念与文化环境的改善………………………………176
  2.1 残障群体的社会融入与文化认同……………………………176
  2.2 公众对残障服务的认知与支持………………………………178
 第三节　可持续发展的服务模式……………………………………181
  3.1 资源整合与共享机制的优化…………………………………181
  3.2 社会参与和志愿者服务的拓展………………………………184
 第四节　国际交流与合作的机遇……………………………………191
  4.1 国际残障服务标准的接轨……………………………………191
  4.2 跨国合作项目的可能性与价值………………………………193

参考文献……………………………………………………………………198

第一章

绪论：公共图书馆与社会正义

第一节　公共图书馆的社会使命

1.1　公共图书馆相关概念

一、公共图书馆的定义与特征

公共图书馆是由国家或地方政府管理并支持的公共文化设施，其核心职责在于广泛搜集、精心整理各类图书资料与丰富的文献信息，无条件地向社会开放，以供公众自由查询、深入阅览。作为社会主义公共文化体系中不可或缺的一环，公共图书馆在汇聚和呈现各类社会信息方面扮演着举足轻重的角色。公众只需踏入图书馆的大门，便能轻松享有基本文化权利，同时，其平等获取信息的权利也在这一过程中得到了充分且有效的保障。

公共图书馆具备以下几个显著特征：1. 其馆藏资源极为丰富多样，足以应对不同读者的多样化需求。2. 公共图书馆的运营资金源自政府税收，它遵循以人为本的服务理念，不仅向一般读者开放，还特别关注残障人士、儿童及农民等广泛社会阶层，为他们提供免费公共服务。3. 经费方面，地方政府会定期为其拨付所需资金。4. 公共图书馆的设立与运营均需遵循相关法律法规，确保其合法性与规范性。

二、公共图书馆的残障服务

公共图书馆针对残障群体的服务，犹如一根坚实的拐杖，支撑着他们勇敢地参与社会活动，跨越重重障碍。在信息化时代，虽然科技为生活带来了前所未有的便捷，但对于那些受教育程度普遍不高，且在身体或心理上存在障碍的残障群体来说，许多普通人看似轻而易举的事情，则如同攀登高峰般艰难。因此，社会各界都应当伸出援手，积极为残障群体的社会活动需求贡献力量。公共图书馆，作为知识的殿堂，更应承担起这份责任。当残障人士渴望获取信息时，图书馆应细致入微地考虑他们的身心条件，以最大的努力满足他们的需求，让知识的光芒照亮他们前行的道路。为了提升服务质量，公共图书馆致力于为残障群体打造公平、无障碍的信息获取途径。这不仅有助于他们平等地参与社会文化活动，还能在无形中提升他们的文化素养与精神风貌。通过阅读，残障群体能够汲取知识的力量，用智慧的光芒弥补身体上的不足，彰显出以人为本的人道主义精神。

作为公共文化机构，公共图书馆始终坚守初心，旨在为所有读者，无论年龄大小、是否残障，都平等地创造优质的信息资源获取渠道和温馨的借阅服务环境。为残障群体提供无障碍服务，是实现社会平等的重要一环，也是公共图书馆不可推卸的使命。然而，残障群体在生理和心理上的双重困扰，使他们在享受图书馆服务时面临诸多不便。尽管如此，他们对知识的渴望却丝毫不减，正如那句古语所言："知识能够改变命运"。面对命运的不公，残障群体依然坚定地选择通过阅读来获取知识，用智慧的力量提升自我，勇敢地融入社会，努力改变自己的命运，书写出一段段不甘屈服的人生传奇。

全民阅读作为民生建设中提升文化素养的重要一环，其重要性不言而喻。在我国实现全面小康的伟大征程中，文化培养同样不容忽视。精神上的小康，同样不能有人缺席。残障群体，正是这个"木桶效应"中最为关键的短板。只有补齐这块短板，才能真正实现全民阅读的宏伟目标。而公共图书馆，正是补齐这块短板的关键力量。它们通过为残障群体提供贴心服务，不仅展现了社会的温情与关怀，更彰显了公共图书馆在推动全民阅读、提升社会公众文化素养方面的重要作用。

1.2 公共图书馆的历史演变

公共图书馆的历史演变是一个漫长的过程，它紧密地伴随着人类社会的发展轨迹与文明的进步步伐而不断演进。从最初的简单藏书空间，到现今功能完善、服务多元的文化中心，公共图书馆的每一次变迁都深刻地反映了人类对于知识、文化和教育的追求与珍视。在这个过程中，公共图书馆不仅承载着历史的记忆，更成了推动社会进步、促进文化交流的重要力量。公共图书馆的发展可以概括为以下几个阶段：

一、起源与早期发展

古代藏书机构：公共图书馆的起源可以追溯到古代的藏书机构。在中国，如西周的"守藏室"、汉朝的兰台、延阁等，但这些藏书机构主要为官府所用，不对民众开放。在西方，古罗马时期也有公共图书馆向城市自由民开放，但同样数量有限且服务对象受限。

私人藏书楼：随着文化的发展，私人藏书楼开始兴起。在中国，明清时期的江南地区出现了众多知名的藏书楼，如天一阁、皕宋楼等。这些藏书楼虽然空间私有，但在一定程度上促进了文化的传播和保存。然而，由于缺乏与社会公众的互动，其空间价值的发挥相对局限。

二、近代公共图书馆的兴起

西方图书馆理念的影响：近代以来，随着西方图书馆理念的传入，中国开始出现了具有公共图书馆性质的藏书楼或图书馆。这些图书馆开始向民众开放，标志着中国近代公共图书馆的兴起。

清末新政时期的公共图书馆运动：1909年，京师图书馆动工建设，并于1912年完工开放。这是中国历史上首次大规模在政府倡导下设立的图书馆，标志着"公共图书馆运动"的开始。此后，各地纷纷效仿，建立了众多公共图书馆。

公共图书馆的雏形：古越藏书楼是中国最早公共图书馆的雏形之一。它于1902年动工、1903年建成、1904年正式对外开放，制定了管理章程，规定了开放时间、借阅办法等，甚至提供免费茶水和代办午餐的服务。

三、现代公共图书馆的发展

体系化与规模化：20 世纪以来，随着国家公共文化服务体系的建立和完善，公共图书馆从中央到地方都得到了广泛的支持和发展。各级公共图书馆逐步形成完整体系，遍布城乡，为广大读者提供了便捷的阅读场所。

设施与服务的完善：现代公共图书馆不仅注重藏书的数量和种类，还非常注重设施和服务的完善。阅读区、借阅区、电子资源区等一应俱全，为读者提供了舒适、便捷的阅读环境。同时，公共图书馆还积极举办各种形式的讲座、培训、展览等活动，丰富了读者的文化生活。

数字化与网络化：随着信息技术的飞速发展，现代公共图书馆正逐步向数字化和网络化方向迈进。数字图书馆的建设使得读者可以随时随地通过互联网访问丰富的文献资源。此外，公共图书馆还利用社交媒体等新媒体平台与读者进行互动和交流，进一步提升了服务质量和影响力。

四、未来展望

未来，公共图书馆将继续在推动社会文明进步、满足人民群众精神文化需求方面发挥重要作用。随着科技的不断进步和社会需求的不断变化，公共图书馆将不断创新服务模式和管理机制，以适应时代发展的要求。同时，政府和社会各界也将继续加大对公共图书馆的投入和支持力度，推动其实现更高质量的发展。

1.3 现代公共图书馆的核心价值

一、保存和传承人类文明

公共图书馆的首要核心价值在于保存和传承人类文明。作为知识和文化的宝库，图书馆有责任收集、整理和保存各种形式的文献资源，包括纸质书籍、电子文献、数据库资源等。这些资源不仅是人类智慧的结晶，也是文化传承的重要载体。通过图书馆的服务，公众可以接触到这些宝贵的文化资源，了解历史、学习新知，从而实现对人类文明的传承和发展。

二、提供高品质服务

服务是现代公共图书馆的立身之本。图书馆需要提供便捷、高效、个性化的服务，以满足不同读者的需求。这包括提供丰富的馆藏资源、舒适的阅读环境、专业的咨询和指导等。同时，图书馆还需要不断创新服务模式，利用现代科技手段提升服务质量和效率，如引入自助借还书系统、电子阅读设备等，为读者提供更加便捷的阅读体验。

三、维护社会信息公平

公共图书馆是保障社会信息公平获取利用的基本制度。图书馆坚持公益服务，为所有公众提供平等获取信息的机会，无论他们的社会地位、经济状况或文化背景如何。通过图书馆的服务，弱势群体如老年人、儿童、低收入家庭等也能够获得所需的信息资源，从而实现社会信息的公平分配。

四、保障公众基本文化权利

图书馆是保障公众文化权利的重要机构。公众有权利获取和使用图书馆提供的各种资源和服务，以满足他们的知识需求、精神追求和文化享受。图书馆通过提供丰富的馆藏资源、举办文化活动等方式，促进全民阅读和文化素养的提升，从而保障公众的基本文化权利。

五、推进公众素养教育

社会教育是图书馆的初始使命之一。现代公共图书馆不仅提供阅读和学习资源，还通过举办各种教育活动，如讲座、培训班、阅读推广活动等，拓展图书馆教育使命的实施方式。这些活动有助于提升公众的知识水平、文化素养和创新能力，为社会的持续发展和进步贡献力量。

六、促进文化交流与创新

公共图书馆作为文化交流的重要平台，通过举办展览、讲座、读书会等活动，促进了不同文化之间的交流和融合。同时，图书馆也是创新思维的摇篮，鼓励读者在阅读和学习中不断探索新知、挑战传统观念，从而激发社会的创新活力和创造力。

综上所述，现代公共图书馆的核心价值在于保存和传承人类文明、提供高品质服务、维护社会信息公平、保障公众基本文化权利、推进公众素养教育以及促进文化交流与创新。这些核心价值体现了图书馆作为知识中心、文化中心和社会教育中心的重要地位和作用。

1.4　公共图书馆在现代社会发展中的使命

公共图书馆在现代社会发展中的定位是一个多维度、综合性的角色，它不仅是知识的宝库和文化的传承者，更是社会教育、文化交流、信息服务和全民阅读的重要平台。其社会使命具体表现为：

一、知识传承与教育支持

保存与传播知识：公共图书馆作为收集、保存和免费传播知识的公益机构，承担着保存人类文化遗产、传承历史智慧的重任。它们通过收藏各类文献、藏书，使得人类长期积累的知识和智慧得以系统地保存并流传下来，成为今天人类宝贵的文化遗产和精神财富。

支持个人自学与正规教育：公共图书馆为不同年龄层和学习需求的读者提供了丰富的自学资源和教育支持。无论是儿童、青少年还是成年人，都可以在图书馆中找到适合自己的学习材料和资源，从而提升自己的知识水平和技能。

二、激发创造力与想象力

提供创造力发展机会：公共图书馆通过提供多样化的阅读材料和创意活动，激发儿童和青年的想象力和创造力。这些活动有助于培养他们的创新思维和实践能力，为未来的社会发展注入新的活力。

促进科学成就与科技创新：公共图书馆不仅收藏了丰富的科学文献和资料，还通过举办科学讲座、研讨会等活动，促进科学知识的传播和交流。这些活动有助于提升公众的科学素养，推动科技创新和社会进步。

三、文化交流与多样性支持

促进不同文化之间的对话：公共图书馆作为文化交流的重要平台，通过收藏和展示不同国家和地区的文献和艺术品，促进了不同文化之间的了解和对话。这有助于增进国际的友谊与合作，推动全球文化的多样性和包容性。

支持口述传统文化的保存和传播：公共图书馆还致力于口述传统文化的保存和传播工作。通过录音、录像等手段，将这些珍贵的文化遗产记录下来，并通过展览、讲座等形式向公众展示和传播。这有助于保护和传承人类的文化多样性。

四、社区信息服务与参与

提供社区信息服务：公共图书馆作为社区的信息中心，为市民提供了获取各种社区信息的便利渠道。无论是政策宣传、时事新闻还是社区服务信息，市民都可以在图书馆中找到相关的资料和咨询途径。

支持地方企业与社团群体：公共图书馆还为地方企业和社团群体提供了充足的信息服务。这些服务有助于他们更好地了解市场动态、行业趋势和政策法规等信息，从而做出更加明智的决策。

五、推动全民阅读与终身学习

倡导全民阅读：公共图书馆作为全民阅读的重要阵地，积极倡导和推广阅读活动。通过举办读书节、阅读挑战赛等活动，激发公众的阅读兴趣并培养良好的阅读习惯。

提供终身学习的资源和服务：公共图书馆不仅为公众提供了丰富的自学资源，还通过举办各种形式的培训课程和讲座等活动，支持公众的终身学习需求。这些活动有助于提升公众的知识水平和综合素质，为社会的持续发展注入新的动力。

综上所述，公共图书馆在现代社会发展中扮演着多重角色，既是知识的中心和文化传承者，又是社会教育和终身学习的平台，还是信息服务中心和社区文化枢纽。同时，公共图书馆还积极推动全民阅读和构建书香社会，不断创新服务模式以满足现代社会的发展需求。

第二节 CRPD 公约与社会正义理论概述

2.1 什么是 CRPD 公约

CRPD 公约，即《残疾人权利公约》，是联合国通过的一项旨在促进、保护并确保所有残疾人充分和平等地享有所有人权和基本自由的国际人权条约。该公约是联合国在 21 世纪通过的第一个综合性人权条约，旨在保障残疾人在政治、经济、社会和文化等方面的权利，确保他们能够与其他人享有平等的权利。

一、《残疾人权利公约》的背景和目标

2006年联合国制定了一项条约叫《残疾人权利公约》，英文缩写为CRPD。许多国家签署了《残疾人权利公约》。《残疾人权利公约》中阐述了国家保障残障人享有与其他人平等的权利的一些措施。2008年8月31日，《残疾人权利公约》正式对中国（包括香港和澳门特别行政区）生效！作为联合国在21世纪通过的第一个综合性人权条约，《残疾人权利公约》覆盖了残障人的公民及政治权利，还包括经济、社会及文化权利，是一部由残障人参与编写，并为其制定的国际公约。

该公约旨在记录明确的社会发展问题，标志着对待残疾人的态度和方法发生了"示范性转变"。《残疾人权利公约》的诞生让越来越多残障伙伴有了争取自己权利的勇气。

《残疾人权利公约》的核心目标是促进、保护和确保所有残疾人充分和平等地享有人权和基本自由，并促进对残疾人固有尊严的尊重。具体而言，其目标可以概括为以下几个方面：

（一）消除歧视。消除对残疾人的任何形式的歧视，确保残疾人在法律上和实践中享有与其他人平等的权利和机会。

促进社会对残疾人的包容和接纳，消除偏见和刻板印象。

（二）保障平等权利。确保残疾人在所有领域（如教育、就业、医疗、交通、司法等）享有与其他人平等的权利。

保障残疾人在法律面前的平等地位，承认其法律行为能力。

（三）促进无障碍环境。推动社会环境的无障碍建设，包括物理环境、信息和通信技术、交通等方面的无障碍。

确保残疾人能够平等地参与社会生活，消除因环境障碍导致的不平等。

（四）尊重自主和独立。尊重残疾人的自主权和独立性，支持他们自主决策和自我管理。

提供必要的支持和服务，帮助残疾人实现其最大潜能。

（五）提升社会参与。促进残疾人全面参与社会生活，包括政治、经济、文化和社会活动。

确保残疾人在公共决策中能够发出自己的声音。

（六）推动国际合作。鼓励各国在技术和经济上开展国际合作，支持发展中

国家实现残疾人权利。

促进全球范围内的经验交流和资源共享。

（七）建立监测机制。设立残疾人权利委员会，监督各国履行《残疾人权利公约》的情况。

通过定期报告和审查机制，推动各国不断改进残疾人权利的保障。

（八）促进社会意识转变。改变社会对残疾人的传统观念，将残疾人视为权利主体，而非仅仅是需要帮助的对象。

推动社会从"慈善模式"向"权利模式"转变。

总的来说，《残疾人权利公约》旨在通过法律、政策和社会变革，为残疾人创造一个包容、平等和无障碍的社会环境，使他们能够充分实现自己的权利和潜能，过上有尊严的生活。

二、《残疾人权利公约》的主要内容和条款

（一）《残疾人权利公约》主要包括三方面内容：

1. 独立生活。国家应确保残疾人能够独立生活，能够在社区中自主生活。

2. 无障碍环境。提供无障碍环境，确保残疾人在日常生活中能够方便地使用各种设施和服务。

3. 平等机会。确保残疾人在教育、就业、健康和其他领域享有平等的机会和待遇。

（二）《残疾人权利公约》的主要条款包括：

1. 一般原则和义务

平等和不歧视：确保残疾人在与其他人平等的基础上享有权利。

尊重残疾人的自主和独立：支持残疾人自主决策。

无障碍环境：消除障碍，确保残疾人能够平等地参与社会。

尊重残疾儿童逐渐发展的能力：保障残疾儿童的权利。

2. 具体权利保障

法律面前的平等承认（第十二条）：确保残疾人能够在与其他人平等的基础上行使法律行为能力。

获得司法保护（第十三条）：保障残疾人能够平等地获得司法和行政程序中的信息、程序便利和合理便利。

自由和人身安全（第十四条）：禁止对残疾人进行任意或非法剥夺自由。

免于酷刑或残忍、不人道或有辱人格的待遇或处罚（第十五条）：保护残疾人免受任何形式的暴力和虐待。

尊重人身完整性（第十七条）：保障残疾人的身体和精神完整性。

迁徙自由和国籍（第十八条）：确保残疾人能够平等地享有迁徙自由和国籍权利。

个人行动能力（第二十条）：支持残疾人获得行动辅助工具和其他辅助器具。

信息和通信无障碍（第二十一条）：要求公共信息和通信服务以无障碍格式提供。

尊重隐私（第二十二条）：保护残疾人的隐私权。

尊重家居和家庭（第二十三条）：保障残疾人在家庭生活中的权利。

适应训练和康复（第二十六条）：提供康复服务和设备。

参与政治和公共生活（第二十九条）：保障残疾人参与选举、投票和公共决策的权利。

3. 国际合作与监测

国际合作：鼓励各国在技术和经济上合作，支持残疾人权利的实现。

监测机制：设立残疾人权利委员会，监督公约的实施情况。

以上是《残疾人权利公约》的主要条款内容，这些条款共同构成了保障残疾人权利的框架。

三、《残疾人权利公约》的国际影响和实施情况

（一）《残疾人权利公约》（CRPD）的国际影响

《残疾人权利公约》（CRPD）自2006年通过以来，对国际社会产生了深远影响，推动了全球范围内残疾人权利的保护和促进。以下是其主要国际影响：

1. 观念转变：从"慈善模式"到"人权模式"

《残疾人权利公约》（CRPD）将残疾问题从传统的慈善或医疗模式转变为基于人权的模式，强调残疾人应作为平等的社会成员享有权利。这种观念的转变促使各国重新审视和调整其对残疾人的政策和法律框架。

2. 法律和政策改革

《残疾人权利公约》（CRPD）为各国提供了全面的法律框架，推动了国家和

区域层面的立法改革。许多国家根据公约的原则修订或制定了新的法律，以保障残疾人在教育、就业、医疗和无障碍环境等方面的权利。例如，欧洲的《无障碍法案》和非洲的《残疾人权利议定书》都受到 CRPD 的影响。

3. 提升社会参与和包容性

《残疾人权利公约》（CRPD）强调"没有我们的参与，不要做关于我们的决定"（Nothing about us without us）的原则，促进了残疾人更多地参与影响其生活的决策过程。这一原则不仅提升了残疾人的社会参与度，还推动了各国政府和社会组织在制定政策时更加注重包容性。

4. 增强国际监督和问责

《残疾人权利公约》（CRPD）的可选议定书允许个人和团体在其权利受到侵犯时向残疾人权利委员会提出投诉，这为残疾人提供了在国际层面寻求救济的途径。这种机制增强了国际社会对各国履行公约义务的监督和问责。

5. 促进社会态度的转变

《残疾人权利公约》（CRPD）的实施促使社会重新审视对残疾人的态度，推动了对残疾作为一种人类多样性而非缺陷的认知。尽管这一过程较为缓慢，但《残疾人权利公约》（CRPD）已在一些国家引发了关于残疾人权利的广泛讨论。

6. 推动全球合作

《残疾人权利公约》（CRPD）的通过促进了各国在技术和经济上的合作，特别是在发展中国家的残疾人权利保障方面。这种合作不仅有助于资源的共享，还推动了全球范围内对残疾人权利的共同关注。

7. 对特定领域的积极影响

《残疾人权利公约》（CRPD）在无障碍环境建设、包容性教育和就业机会方面取得了显著进展。例如，许多国家在城市规划、公共交通和信息技术等领域采取了无障碍措施，以确保残疾人能够平等地参与社会生活。

8. 挑战与不足

尽管《残疾人权利公约》（CRPD）取得了显著成就，但其实施仍面临诸多挑战，包括文化偏见、资源限制和执法差距。一些国家，如美国，尽管其国内有《残疾人法案》（ADA），但仍未批准 CRPD，这也限制了公约的全球影响力。

总体而言，《残疾人权利公约》（CRPD）作为一项具有里程碑意义的国际人权条约，不仅在法律和政策层面推动了残疾人权利的保护，还在社会观念和国际合作方面发挥了重要作用。然而，要实现其目标，仍需各国的持续努力和更广泛的社会支持。

（二）《残疾人权利公约》（CRPD）在我国的实施情况

中国自 2008 年批准《残疾人权利公约》（CRPD）以来，采取了一系列措施以认真履行公约义务，推动残疾人的权利保障和社会融合。以下是主要措施：

1. 完善法律和政策体系

中国通过立法、行政和其他措施，不断完善残疾人权益保障的法律框架。目前，中国已有 90 多部直接涉及残疾人保护的法律和 50 多部行政法规。此外，中国还修订了《中华人民共和国残疾人保障法》，并颁布了《无障碍环境建设条例》等配套法规。

2. 经济与社会保障

贫困残疾人脱贫：在脱贫攻坚战中，710 万农村建档立卡贫困残疾人如期脱贫，易返贫致贫的残疾人被纳入国家返贫动态监测和帮扶机制。

生活补贴与护理补贴：建立了困难残疾人生活补贴和重度残疾人护理补贴制度，全国已有 2 700 多万残疾人领到两项补贴。

就业支持：制定并实施了一系列促进残疾人就业的政策，如《促进残疾人就业三年行动方案（2022—2024 年）》。2020 年，全国城乡新增就业残疾人 38 万，持证残疾人就业规模超过 800 万人。

3. 康复与教育

康复服务：将残疾人康复纳入"健康中国"建设大局，建立了残疾儿童康复救助制度，建成国家级康复大学。2018 年以来，全国接受康复救助的残疾儿童达 67.6 万人次。

教育保障：完善融合教育支持体系，要求普通学校不得因残疾拒绝招收或录取符合条件的残疾学生。残疾儿童少年义务教育入学率达到 95% 以上。

4. 文化权益

国际条约：批准了《关于为盲人、视力障碍者或其他印刷品阅读障碍者获得已出版作品提供便利的马拉喀什条约》。

手语和盲文规范化：通过了《第二期国家手语和盲文规范化行动计划（2021—2025 年）》。

5. 无障碍环境建设

设施建设：截至 2020 年，全国 1 753 个市、县开展无障碍建设，累计创建 469 个无障碍市县村镇。

信息无障碍：推进信息无障碍建设，截至 2020 年 6 月，已完成 500 多家信息无障碍分平台建设，约 3.2 万个网站实现无障碍服务。

这些措施表明中国在促进残疾人权利方面取得了显著进展，并继续致力于改善残疾人的生活条件和社会融入。

2.2　CRPD 公约对残障群体的意义

《残疾人权利公约》（CRPD）对残障群体具有深远的意义，主要体现在以下几个方面：

1. 权利确认与保障

《残疾人权利公约》（CRPD）首次以国际法律的形式明确并重申了所有类型的残疾人享有与其他人平等的人权和基本自由。公约不仅确认了残疾人应享有的权利，还指出了需要进行调整的领域，以确保这些权利能够有效行使。这为残障群体提供了坚实的法律基础，使其能够在国际和国内层面主张自己的权利。

2. 消除歧视与社会包容

《残疾人权利公约》（CRPD）强调消除对残疾人的歧视，并推动社会对残疾人的包容和接纳。公约要求各国通过法律、政策和社会变革，消除障碍，确保残疾人能够平等地参与社会生活。这种包容性不仅体现在物理环境的无障碍建设，还体现在信息、教育、就业、医疗等各个领域的平等机会。

3. 提升社会参与和决策权

CRPD 倡导"没有我们的参与，不要做关于我们的决定"的原则，确保残疾人能够充分参与影响其生活的决策过程。这一原则不仅提升了残疾人的社会参与度，还推动了各国政府和社会组织在制定政策时更加注重包容性。

4. 推动全球合作与支持

《残疾人权利公约》（CRPD）的通过促进了国际社会对残疾人权利的共同承

诺，推动了各国在技术和经济上的合作。特别是在发展中国家，公约的实施得到了国际社会的支持，帮助这些国家更好地履行义务。

5. 应对全球性挑战

《残疾人权利公约》（CRPD）还关注残疾人面临的全球性挑战，如冲突、自然灾害、气候变化和数字技术发展。公约要求各国在应对这些挑战时，必须将残疾人纳入考虑范围，确保他们在人道主义行动、灾害应对和数字技术发展中的权益。

6. 增强国际监督与问责

CRPD 的可选议定书允许个人和团体在其权利受到侵犯时向残疾人权利委员会提出投诉，这为残疾人提供了在国际层面寻求救济的途径。这种机制增强了国际社会对各国履行公约义务的监督和问责。

7. 促进可持续发展目标的实现

《残疾人权利公约》（CRPD）与《2030 年可持续发展议程》紧密结合，强调残疾人权利的实现是实现可持续发展目标的重要组成部分。公约的实施为残疾人提供了平等的机会，帮助他们摆脱贫困、获得教育和就业，从而推动社会的整体进步。

总　　结

《残疾人权利公约》（CRPD）对残障群体的意义不仅在于法律和政策层面的保障，更在于其推动社会观念的转变和全球合作的加强。通过消除歧视、提升社会参与和应对全球性挑战，CRPD 为残障群体创造了一个更加包容和平等的社会环境。

2.3　社会正义的定义与内涵

一、定义与内涵

社会正义是一个复杂的概念，通常指社会资源、机会和特权在社会成员之间的公平分配和合理配置。它强调社会制度、法律、政策和实践应当保障每个人的基本权利，消除不平等和歧视，确保所有人都能平等地参与社会生活并获得发展机会。社会正义的内涵是多维度的，它涵盖了公平、平等、包容、机会均等、资源分配以及社会福利等多个方面。社会正义不仅仅是对资源和机会的分配，更是一种对社会整体结构和运行机制的深刻反思，旨在消除不平等、不公正和歧视，确保每个人都能在社会中获得平等的尊重和发展机会。

二、社会正义的几个核心要素

1. 公平性（Fairness）

公平性是社会正义的基础，它要求社会资源、机会和权力的分配应当基于公正的原则，而不是个人的出身、性别、种族、宗教、经济条件或其他不可控因素。公平性强调：

程序公平：决策过程应当透明、公正，确保每个人的声音都能被听到。

结果公平：分配的结果应当是合理的，避免因不合理的制度导致的不平等。

2. 平等性（Equality）

平等性是社会正义的另一个重要维度，它要求：

法律面前人人平等：每个人在法律面前享有同等的权利和义务，不受任何形式的歧视。

机会平等：社会应当为所有人提供平等的发展机会，无论其背景如何。例如，教育、就业和晋升机会应当对所有人开放。

结果平等：在某些情况下，社会正义还要求通过政策干预来纠正历史遗留的不平等，例如通过反贫困计划或社会福利体系来保障基本生活需求。

3. 包容性（Inclusion）

社会正义强调社会的包容性，要求社会尊重多样性，接纳不同性别、种族、宗教、文化背景、性取向、能力等群体。包容性体现在：

消除歧视：通过法律和政策消除对少数群体的歧视，确保他们能够平等地参与社会生活。

文化多样性：尊重不同文化和社会群体的价值观和生活方式，避免单一文化霸权。

无障碍环境：例如，为残疾人提供无障碍设施，确保他们能够像其他人一样自由活动。

4. 资源分配的合理性（Equitable Resource Allocation）

社会正义要求资源分配应当合理，确保所有人都能获得基本的生活保障和发展机会。这包括：

经济资源：通过税收、社会福利和再分配政策减少贫富差距。

公共服务：确保所有人都能获得基本的教育、医疗、住房等公共服务。

环境资源：社会正义还关注环境资源的公平分配，避免因资源开发导致的环境不公（如环境污染对弱势群体的影响）。

5. 社会福利与保障（Social Welfare and Protection）

社会正义强调通过社会保障体系来保护弱势群体，减少社会不平等。这包括：

医疗保障：确保所有人都能获得基本的医疗服务。

教育保障：提供公平的教育资源，消除因经济条件导致的教育不平等。

养老保障：通过养老金制度保障老年人的基本生活。

失业救济：为失业者提供经济支持，帮助他们度过困难时期。

6. 社会参与和决策权（Participation and Decision-Making）

社会正义要求所有人都能参与影响其生活的决策过程，特别是边缘化群体和弱势群体。这包括：

政治参与：确保所有人都能平等地参与选举和公共决策。

社区参与：鼓励社区成员参与地方事务的管理，确保政策符合他们的需求。

代表性：在政府和社会组织中增加少数群体和弱势群体的代表性，确保他们的声音能够被听到。

7. 正义的实现（Realization of Justice）

社会正义不仅是一个理想目标，还要求通过法律、政策和制度的实施来确保正义的实现。这包括：

司法公正：司法系统应当公正地处理案件，确保每个人都能获得公平的审判。

政策执行：政府和社会组织应当确保政策的公平执行，避免因腐败或官僚主义导致的不公。

社会监督：通过公民社会、媒体和国际组织的监督，确保社会正义的实现。

8. 可持续性（Sustainability）

社会正义还关注社会制度和政策的可持续性，确保当前的资源分配和机会提供不会损害未来几代人的利益。这包括：

环境保护：通过可持续发展政策减少对环境的破坏，确保未来几代人能够享有清洁的空气、水和土地。

社会公平：确保资源分配和机会提供能够长期维持社会的公平与稳定。

三、社会正义的挑战

尽管社会正义是一个理想目标，但在实践中仍面临诸多挑战：

社会不平等的根深蒂固：历史遗留问题（如种族隔离、性别歧视）难以在短时间内消除。

资源分配的不均衡：经济资源往往集中在少数人手中，导致贫富差距扩大。

政策执行的困难：即使有良好的法律和政策，执行过程中也可能因腐败、官僚主义等问题而大打折扣。

社会观念的差异：不同文化和社会对公平和正义的理解可能不同，导致实践中的冲突。

总　结

社会正义是一个动态的、不断发展的概念，它要求社会在资源分配、机会提供和权利保障等方面实现公平与平等。社会正义的内涵是多维度的，它不仅仅是对资源和机会的分配，更是一种对社会整体结构和运行机制的深刻反思。社会正义要求我们消除不平等、不公正和歧视，确保每个人都能在社会中获得平等的尊重和发展机会。尽管实现社会正义是一个长期而艰巨的任务，但它仍然是现代社会追求的核心价值之一，也是构建和谐社会的重要基础。

2.4　社会正义理论在公共服务领域的应用

社会正义理论在公共服务领域的应用是多方面的，它为公共服务的规划、实施和评估提供了理论基础和价值导向。以下是其在公共服务领域的具体应用：

1. 公共服务的公平性

普遍服务原则。社会正义要求公共服务应普遍覆盖所有社会成员，特别是弱势群体。例如，公共教育、公共卫生和公共交通等服务应确保每个人都能公平获取。

资源分配的公平性。公共服务资源的分配应基于需求而非地位或财富。例如，教育资源应更多地向贫困地区和弱势群体倾斜，以缩小教育差距。

2. 公共服务的可及性

社会正义强调公共服务的可及性，即社会成员能够方便地获取服务。例如，公共图书馆应分布在各个社区，方便居民使用；医疗服务应覆盖偏远地区，确保居民能够及时就医。

无障碍服务。对于残疾人、老年人等特殊群体，公共服务应提供无障碍设施和服务，以保障他们的平等参与。

3. 公共服务的参与性

社会正义要求公共服务的规划和实施应充分考虑社会成员的意见和需求，特别是弱势群体的声音。例如，社区规划应通过公众参与的方式，确保服务能够真正满足居民的需求。

民主决策。公共服务的决策过程应体现民主原则，让社会成员能够通过各种渠道参与决策，表达自己的诉求。

4. 公共服务的包容性

社会正义强调公共服务的包容性，即服务应满足不同文化、种族、性别和社会背景人群的需求。例如，公共图书馆应提供多语言的书籍和服务，以满足不同文化背景居民的需求。

反歧视政策。公共服务领域应制定和实施反歧视政策，确保服务过程中不存在任何形式的歧视行为。

5. 公共服务的评估与改进

社会正义理论要求对公共服务进行持续的评估和改进，以确保其符合公平、平等和包容的原则。例如，通过社会调查和反馈机制，了解服务对象的满意度，及时调整和改进服务内容。

总　结

社会正义理论为公共服务领域提供了重要的理论指导，强调公平、平等、包容和参与的价值观。公共图书馆作为公共服务的重要组成部分，其服务理念和实践应充分体现社会正义的原则，通过提供公平、可及、包容的资源和服务，促进社会的和谐与进步。

第三节　残障群体与社会正义

3.1　残障群体的定义、分类及特征

一、定义

残障人群是指因各种原因导致身体、心理、智力或感官上的功能缺陷,从而影响其正常生活和社会参与能力的人群。这些功能缺陷可能源于先天因素,如遗传性疾病或出生缺陷,也可能由后天因素引起,如事故、疾病、衰老或环境因素等。

二、分类

残障人群的分类方法有多种,以下列举几种常见的分类方式:

1. 按出生时间分类

先天性残障:指在出生前或出生时就已经存在的残障,如先天性心脏病、唐氏综合征等。

后天性残障:指在出生后由于事故、疾病、衰老等原因导致的残障,如中风导致的肢体瘫痪、交通事故导致的伤残等。

2. 按致残原因性质分类

创伤性残障:由物理性伤害(如事故、战争、暴力等)导致的残障。

病原性残障:由疾病(如感染、遗传性疾病、慢性病等)导致的残障。

3. 按生理功能分类(我国通用)

视力残障:指视力受损或视野缩小,难以进行正常的工作、学习或其他活动,包括盲和低视力两类。

听力残障:指双耳听力丧失或听觉障碍,无法听到或听清周围环境的声音,影响语言交流和社交能力。

言语残障:指无法说话或语言障碍,难以进行正常的语言交流,包括聋和重听,以及单纯的语言障碍。

肢体残障:指四肢的病损或残缺,以及躯干麻痹、畸形等导致人体运动系统不同程度的功能丧失或功能障碍。

智力残障：指智力明显低于一般人的水平，并显示出适应行为的障碍，包括在智力发育期间和智力发育成熟后各种原因导致的智力损害。

精神残障：指患有精神病且病情持续一年以上未愈，从而影响其社交能力和在家庭、社会应尽职能上出现不同程度的紊乱和障碍。

多重残障：指同时存在两种或两种以上的残障类型。

4. 按反射弧的环节分类

感受器残障：指感受器（如眼睛、耳朵等）受损导致的残障。

效应器残障：指肌肉、骨骼等效应器受损导致的残障。

中枢功能残障：指大脑、脊髓等中枢神经系统受损导致的残障。

三、特征

残障人群具有一些共同的特征，这些特征可能因残障类型和程度的不同而有所差异，但总体上可以概括为以下几个方面：

1. 生理上的障碍性。这是残障人群的首要特征，他们由于生物器官（组织）的缺陷、损伤而难以像正常人那样生活，更不用说公平地参与社会竞争。

2. 经济上的低收入性。残障人群往往经济收入较低，甚至徘徊于贫困线边缘。这导致他们在生活必需品和生活质量方面处于较低水平。

3. 生活上的贫困性。由于经济上的低收入性，残障人群在日常生活中可能面临诸多困难，如使用廉价商品、穿破旧衣服、缺乏文化娱乐消费等。

4. 政治上的低影响力。残障人群在社会分层体系中处于底层，他们的政治参与机会少，对于政治生活的影响力低。

5. 心理上的高度敏感性。残障人群由于自身的缺陷及其在经济上的低收入性和社会生活中的贫困性，他们在社会中的心理压力高于一般社会弱势群体。他们容易产生人际交往无能、焦虑及社会排斥感等心理问题。

总　结

残障人群是一个广泛而复杂的群体，其分类方法多种多样。了解残障人群的定义和分类有助于我们更好地认识和理解这一群体，从而为他们提供更多的关爱和支持。同时，我们也应倡导平等、尊重和包容的社会氛围，让残障人群能够充分参与社会生活，实现自我价值。残障人群是一个多样化的群体，他们面临着诸多挑战和困难。因此，社会应该给予他们更多的关注和支持，帮助他们更好地融入社会、实现自我价值。

3.2 残障群体的社会地位与需求

残障群体在社会中面临着诸多挑战，其社会地位和需求值得关注。根据中国残联统计，截至2022年底，我国残障群体总数已超过8 500万人，这一庞大的群体在教育、就业、文化生活等方面往往处于劣势地位。

一、残障群体的社会地位

残障群体的社会地位，涉及法律保障、社会参与、就业机会、文化融入等多个方面。

1. 法律保障与权利地位

中国高度重视残障群体的权益保护，通过《中华人民共和国残疾人保障法》等法律法规，全面保障残障人在政治、经济、文化、社会和家庭生活等方面享有与其他公民平等的权利。此外，联合国《残疾人权利公约》也强调残障人应享有平等的法律能力和社会参与权利。这些法律框架为残障群体的社会地位提供了基础保障。

2. 社会参与与融合

尽管法律保障了残障群体的权利，但在实践中，他们仍然面临诸多挑战。例如，残障人士在就业方面可能遭遇歧视，社会对他们的认知偏差和就业服务的不足限制了他们的社会参与。然而，一些社区项目通过组织活动，如棋类游戏等，帮助残障人士融入社区，提升他们的社交能力和生活质量。这种实践表明，社会支持和包容是提升残障群体社会地位的重要途径。

3. 教育与文化参与

残障群体在教育和文化参与方面也取得了进展。公共图书馆作为文化服务机构，通过提供无障碍设施和服务，为残障群体创造了参与文化生活的条件。例如，美国和日本的公共图书馆通过与相关机构合作，为残障儿童提供专门的阅读空间和服务，促进了他们的社会融入。

4. 社会观念与歧视

社会观念对残障群体的社会地位影响深远。尽管残障群体的能力和需求多样，但社会仍存在对他们的歧视性偏见，导致他们在社会生活中被边缘化。这种观念不仅限制了残障群体的发展机会，也阻碍了社会的全面进步。

5. 就业与经济独立

就业是残障群体实现社会平等的重要途径。然而，由于社会对残障群体能力的低估和就业机会的不足，他们在经济独立方面面临挑战。尽管如此，一些项目通过提供技能培训和就业支持，帮助残障人士实现就业，提升他们的社会地位。

6. 社会融合与未来展望

社会融合是提升残障群体社会地位的关键。一个融合的社会不仅关注残障群体的能力，还为他们提供必要的资源和支持，以实现平等参与。未来，需要通过法律保障、社会支持和观念转变，进一步提升残障群体的社会地位，实现真正的社会包容。

综上所述，残障群体的社会地位受到法律保障、社会观念、就业机会和文化参与等多方面的影响。尽管取得了一定进展，但仍需持续努力，以实现残障群体的全面社会融合和权利保障。

二、残障群体的核心需求

残障群体作为其核心需求包括：

1. 平等的社会参与。残障群体希望在社会生活中享有与其他人相同的权利和机会，包括教育、就业、文化娱乐等。

2. 无障碍环境。无障碍设施和服务是残障群体实现平等参与的重要保障。然而，目前许多公共设施和服务仍存在不足，如无障碍通道设计不合理、无障碍阅读资源匮乏等。

3. 心理与情感支持。残障群体在心理上往往面临更大的压力，需要更多的关怀和支持。例如，通过一体化阅读场所的建设，可以增强残障儿童的社会归属感。

4. 多样化的文化需求。残障群体的需求不仅限于视障群体，还包括听障、肢体残疾、智力残疾等其他类型。目前，公共图书馆的服务对象仍以视障群体为主，其他类型残障群体的需求尚未得到充分满足。

3.3 残障群体阅读需求的特征及表现

一、残障人群的阅读需求具有多样性和特殊性，以下是对其阅读需求的详细分析：

1. 阅读需求的多样性

残障人群包括视力残疾、听力残疾、言语残疾、肢体残疾、智力残疾、精神残疾以及多重残疾等多种类型。由于残障类型和程度的差异，他们的阅读需求也呈现出多样性。例如，视力残障人士可能需要盲文书籍、有声读物或大字版图书；听力残障人士可能需要字幕服务或手语图书；而智力残障人士则可能需要内容简单易懂、画面清晰简洁的图书。

2. 阅读需求的特殊性

（1）无障碍阅读需求：视力残障人士需要盲文书刊、有声读物、大字版图书等无障碍阅读资源。这些资源应确保信息的准确性和可读性，同时符合盲人的阅读习惯和认知特点。

（2）听力残障人士：需要字幕服务、手语图书等，以便他们能够更好地理解和欣赏图书内容。

（3）个性化阅读需求：残障人士的阅读兴趣、阅读能力和阅读目的各不相同。因此，他们需要个性化的阅读资源和阅读服务。例如，有些残障人士可能对历史、文学、科学等领域感兴趣，而有些则可能更注重实用技能和生活指南等方面的内容。

针对不同类型的残障人士，图书馆和出版机构应提供多样化的阅读资源和服务方式，以满足他们的个性化需求。

（4）辅助性阅读需求：由于身体条件的限制，部分残障人士在阅读过程中可能需要辅助性工具或服务。例如，视力残障人士可能需要使用助视器、盲文点字显示器等设备；听力残障人士可能需要使用助听器或字幕服务来辅助理解图书内容。

这些辅助性工具和服务对于提高残障人士的阅读体验和阅读效果至关重要。

3. 阅读推广的挑战与机遇

挑战：

（1）阅读资源匮乏。部分地区的图书馆和出版机构缺乏针对残障人士的专门阅读资源。

（2）阅读设施不完善。部分图书馆的无障碍设施不足或不符合标准，导致残障人士难以获取阅读资源。

（3）社会认知度低。部分社会成员对残障人士的阅读需求缺乏足够的认知和重视。

机遇：

（1）政策支持。政府和社会各界对残障人士的关注度不断提高，为阅读推广提供了有力的政策保障。

（2）技术发展。数字化阅读资源的普及和智能辅助设备的创新为残障人士提供了更多元化的阅读选择和服务方式。

（3）社会参与。越来越多的志愿者和组织参与到残障人士的阅读推广活动中，为残障人士提供了更多的阅读机会和支持。

综上所述，残障人群的阅读需求具有多样性和特殊性，需要政府、图书馆、出版机构以及社会各界共同努力，加强合作与支持，推动阅读推广工作的深入开展。通过提供无障碍阅读资源、个性化阅读服务以及辅助性阅读工具等方式，可以满足残障人士的阅读需求，提高他们的阅读体验和阅读效果。

二、残障人群的阅读需求特征主要体现在以下几个方面：

（一）阅读资源的无障碍性

残障人群在阅读时，首先需要确保阅读资源的无障碍性。这包括：

1. 视觉无障碍。对于视力障碍者，需要提供盲文书籍、有声读物、大字版图书等，确保他们能够通过听觉或触觉来感知和理解图书内容。

2. 听觉无障碍。对于听力障碍者，需要提供字幕服务、手语图书或配有详细文字描述的音频资料，以便他们能够更好地理解和欣赏图书内容。

3. 操作无障碍。阅读设备和工具应易于操作，符合残障人士的生理特点和操作习惯。例如，提供语音导航、触控屏幕等辅助功能。

（二）阅读内容的个性化

残障人群的阅读需求具有个性化特点，这主要体现在：

1. 兴趣导向。残障人士的阅读兴趣可能因个人经历、教育背景和生活环境

第一章　绪论：公共图书馆与社会正义

等因素而异。因此，需要提供多样化的阅读内容，以满足他们的不同兴趣需求。

2. 能力匹配。根据残障人士的阅读能力，提供适合他们理解水平的图书。例如，对于智力障碍者，需要提供内容简单易懂、画面清晰简洁的图书。对于肢体障碍者，可能需要提供易于翻页和手持的图书。

3. 主题关注。部分残障人士可能对特定主题或话题感兴趣，如自我提升、心理健康、社会融入等。因此，需要提供与这些主题相关的图书资源。

（三）阅读方式的多样性

残障人群在阅读方式上具有多样性需求，这包括：

1. 数字化阅读。随着科技的发展，数字化阅读逐渐成为残障人士的重要阅读方式。通过智能手机、平板电脑等电子设备，他们可以随时随地获取和阅读图书资源。

2. 社交化阅读。残障人士在阅读过程中，可能希望与他人分享阅读心得、交流阅读体验。因此，需要提供社交化的阅读平台，如在线阅读社区、读书会等，以便他们进行互动和交流。

3. 辅助性阅读。部分残障人士在阅读过程中可能需要辅助性工具或服务，如语音合成技术、文字转语音软件等。这些工具和服务可以帮助他们更好地理解图书内容，提高阅读效率。

（四）阅读环境的舒适性

残障人群在阅读时，还需要一个舒适、安静、无障碍的阅读环境。这包括：

1. 物理环境。阅读场所应提供足够的照明、舒适的座椅和桌子等设施，以确保残障人士在阅读过程中能够保持舒适和专注。

2. 心理环境。阅读环境应营造一种温馨、包容和尊重的氛围，让残障人士在阅读过程中感受到被接纳和尊重。

3. 无障碍设施。阅读场所应提供无障碍通道、电梯、卫生间等设施，以确保残障人士能够方便地进出和使用阅读场所。

综上所述，残障人群的阅读需求特征主要体现在阅读资源的无障碍性、阅读内容的个性化、阅读方式的多样性和阅读环境的舒适性等方面。为了满足这些需求，政府、图书馆、出版机构以及社会各界应共同努力，加强合作与支持，推动阅读推广工作的深入开展。

3.4 残障人群阅读推广面临的挑战

残障人群阅读推广面临的挑战主要来自以下几个方面：

一、社会意识与政策支持不足

相关法律法规对公共图书馆为残障群体提供服务的规定不够明确，导致图书馆在服务残障群体时缺乏法律依据。

二、阅读资源与设施不足

1. 资源匮乏。目前，我国绝大部分省级、副省级和市级公共图书馆均开设有无障碍阅览室，但县级、乡镇级公共图书馆鲜有开设无障碍阅览室。即便开设了，也存在资源更新缓慢、设施匮乏等问题。这导致残障人群难以获取到丰富、多样的阅读资源。

2. 设施不完善。部分图书馆的设施并没有为残障人士提供足够的便利和支持，如缺乏合适的无障碍通道、残障人士阅读区缺乏辅助设施（如盲文点字显示器、盲文打印机、助视器、有声地图等）等。

三、阅读需求与获取障碍

1. 需求特殊性。残障人群的阅读需求往往具有特殊性，如视障人士需要盲文书籍、有声读物等，听障人士需要字幕服务等。然而，目前图书馆提供的阅读资源往往难以满足这些特殊需求。

2. 获取难度大。由于身体条件的限制，残障人群在获取阅读资源时可能面临诸多困难，如难以到达图书馆、难以使用传统阅读方式等。

四、阅读推广宣传不足

1. 宣传形式单一。目前，针对残障人群的阅读推广宣传形式往往较为单一，缺乏多元化的传播渠道和手段，导致宣传效果不佳。

2. 社会认知度低。部分社会成员对残障人群的阅读需求缺乏足够的认知和重视，导致阅读推广难以得到广泛的支持和参与。

五、合作与支持机制缺失

1. 部门间合作不足。残障人群的阅读推广需要多个部门的共同参与和支持，但目前往往存在部门间合作不足的问题，导致推广效果不佳。

2. 社会支持机制不完善。目前，针对残障人群的阅读推广缺乏完善的社会支持机制，如资金、技术、人才等方面的支持不足。社会公众对残障群体的阅读需求关注不足，导致残障群体在图书馆服务中被边缘化。

六、其他挑战

1. 残障人群内部差异。残障人群内部存在较大的差异，如不同类型的残障人士在阅读需求、获取方式等方面存在差异，这增加了阅读推广的难度。

2. 技术更新迅速。随着技术的不断发展，数字化阅读资源日益丰富。然而，对于部分残障人群而言，他们可能难以适应新技术和新设备的使用，这也给阅读推广带来了新的挑战。

总　结

残障群体在社会中面临着诸多挑战，其在阅读服务中的权益缺失问题亟待解决。需要政府、图书馆、社会各界以及残障人士自身共同努力，加强合作与支持，推动阅读推广工作的深入开展。公共图书馆作为公共文化服务的重要机构，应进一步完善无障碍设施和服务内容，加强与社会机构的合作，提升服务的多样性和个性化水平。同时，社会公众和政策制定者也应提高对残障群体的关注和支持，共同推动残障群体实现平等的社会参与和文化权利。

第四节　研究框架与文献综述

4.1　本书的研究思路

本书以"公共图书馆与社会正义"为主题，旨在探讨公共图书馆在促进社会正义中的角色、责任以及实践路径。研究思路如下：

一、理论基础与背景分析

从社会正义理论出发，探讨其在公共服务领域的应用，尤其是公共图书馆领域的相关性。通过梳理社会正义的定义、内涵及其在公共服务中的体现，为后续研究奠定理论基础。

分析公共图书馆的历史演变和核心价值，探讨其与社会正义的内在联系，明确公共图书馆在促进社会公平、包容和文化权利保障中的使命。

二、问题聚焦与案例研究

以残障群体为例，深入分析其在社会中的地位、需求以及在公共图书馆服务中的权益缺失。通过案例分析，揭示公共图书馆在服务残障群体方面存在的问题和挑战。

结合国内外公共图书馆在服务残障群体方面的实践经验，总结成功案例和经验教训，为我国公共图书馆的实践提供参考。

三、实践路径与策略探讨

针对残障群体在公共图书馆服务中的权益缺失问题，提出具体的改进策略和实践路径。包括无障碍环境建设、资源优化、服务模式创新以及政策支持等方面。探讨公共图书馆如何通过服务创新和技术应用，提升残障群体的阅读体验和参与度，推动社会正义的实现。

四、总结与展望

对全书的研究内容进行总结，提炼公共图书馆在促进社会正义中的核心价值和实践路径。对未来公共图书馆的发展方向提出展望，强调其在社会正义中的重要角色和持续改进的必要性。

总　结

本书通过系统的理论分析和实践案例研究，探讨公共图书馆在促进社会正义中的角色和责任。通过对残障群体的深入研究，揭示公共图书馆在服务残障群体中的问题与挑战，并提出具体的实践路径和策略，旨在为公共图书馆的未来发展提供理论支持和实践指导。

4.2　文献综述

国外学者针对残障群体阅读服务的研究较早，以发达国家的研究较为成功。在法律法规、阅读需求和行为、阅读教育、阅读疗法、资源共享平台、残障群体无障碍设施和工具的技术开发等方面都有深入的研究，且多以实践案例分析为主。例如，美国、日本和俄罗斯等国的公共图书馆在残障读者服务方面积累了丰富的经验。这些国家的公共图书馆通过健全完善的法律法规、增加全国与地方图书馆合作、建立长效的服务机制、制定具体的工作规范以及加强相关协会的指导等途径，有效保障了残障读者的阅读权益。这些成功案例对我国在该领域的研究有着很好的借鉴作用。

国外研究者对图书馆服务于残障群体的议题展开了更为细致的探讨，我国学者则通过分析英国、日本、美国及韩国等地的代表性案例，提炼出对提升我国残障读者服务水平的启示。邢军的调研揭示，发达国家在残疾读者权益保障方面的立法工作起步较早，图书馆为残障读者提供的设施更为健全，且较早地融入了娱乐功能。朱纯学通过考察美国公共图书馆在残障用户服务方面的政策保障、资源保障及服务项目等内容，提出我国公共图书馆在面向残障群体服务时，可借鉴美国在用户政策规划、服务内容构思及资源构建上的做法。刘涵针对英国图书馆的研究显示，英国的相关政策与行业规范为图书馆服务残障群体提供了坚实的理论支撑和明确的方向指导。马捷、赵天缘等学者在综合欧洲及部分亚洲国家图书馆的情况后指出，我国各省级公共图书馆在阅读障碍症群体服务方面的重视度尚显不足。

受历史因素影响，我国图书馆学起步较晚，在发展过程中更多地借鉴了国外的先进经验。刘博涵等人深入研究了法国国家图书馆，分析了其在残障群体服务方面的设施建设全面性、数字服务整体性、活动多样性以及专业人员培训系统性等方面的特点，进而提出我国图书馆应从无障碍设施、数字服务、活动组织及人员培训等多个维度入手，以提升对残障读者的服务水平。王林军通过对俄罗斯盲人图书馆视障服务的梳理，认为我国需从国家层面出发，完善相关政策法规、加大高新设备投入、强化残障资源建设，并推出更多便利措施。王薇对日本公共图书馆的研究强调，信息无障碍立法对残障群体服务至关重要，为充分发挥图书馆资源优势，必须完善相关标准体系。夏凡等人系统梳理了加拿大图书馆在残障群体服务方面的工作，指出我国图书馆应完善基础设施、加强馆员培训、增设参考服务等，同时联合各方力量，共同推动残障群体服务的发展。肖永英等人则对比分析了英国公共图书馆与社会志愿组织在残障群体服务上的优缺点，列举了两者举办的残障群体活动，并指出了因管理不科学及资金不足所带来的问题。

近年来，我国学者开始关注并针对不同读者群体的阅读推广进行理论研究，但研究对象以儿童、青少年居多。专门针对残障群体阅读推广的研究却很少，多数学者将该部分作为残障服务的一个分支进行简要研究。然而，随着社会对残障群体文化权益的日益重视，以及全民阅读浪潮的推动，公共图书馆在残障阅读服务方面的作用愈发凸显。林仲佳（2022）在其研究中指出，我国公共图书馆网站信息无障碍建设仍存在诸多问题，需要重视网站信息无障碍建设、提升信息无障碍服务意识、强化网站无障碍辅助功能等。这一研究揭示了我国公共图书馆在信息无障碍服务方面的不足，为后续研究提供了方向。吴粉平（2022）通过对安徽省15所地级市公共图书馆残障读者服务的现状进行调查，发现各馆普遍采取了提供残疾人特殊学习资源、建设无障碍设施、开展特色阅读活动等举措，但仍存在馆藏资源不能完全满足残疾人学习需求、到馆阅读的残障读者人数少、无障碍设施服务效果不理想等问题。该研究为地市级公共图书馆残疾人服务提供了宝贵的实证资料。张兆庭（2021）对长三角地区省级公共图书馆残障读者服务进行了调查与研究，发现存在馆藏资源不够丰富、设施不够完善、专业人才短缺等问题，并提出了丰富馆藏资源、完善设施、补充专业人才、丰富服务内容等建议。该研究为长三角地区公共图书馆提升残障读者服务水平提供了有益参考。沈洋洋（2021）以视障读者为视角，对吉林省公共图书馆的信息无障碍服务情况进行了研究，发现各馆视障阅览室存在实际到馆人数少、设施利用率低、专业人才短缺等问题，并提出了加大宣传力度、改造盲文阅览室、引进相关人才等改进意见。该研究为吉林省公共图书馆信息无障碍服务提供了针对性的建议。此外，赵天缘（2018）构建了公共图书馆面向阅读障碍症群体的推广服务模型，为公共图书馆为阅读障碍症人群提供有针对性的阅读服务提供了理论依据和实践指导。朱邦欣（2017）和华芮（2017）则分别对扬州市公共图书馆和我国公共图书馆面向残障群体的阅读服务进行了调查与分析，指出了存在的问题并提出了相应的改进建议。

综上所述，我国公共图书馆在残障群体服务方面已经取得了一定的成果，但仍存在诸多问题亟待解决。未来研究应进一步关注残障群体的实际需求，借鉴国外成功经验，完善法律法规，提升服务专业性，加强与外界的交流与合作，尤其是科技进步带来的新兴技术在残障服务中的应用（如AI技术、脑机接口、智能辅助等），以推动我国公共图书馆残障群体服务水平的全面提升。

第二章
公共图书馆残障阅读服务的现状与问题

第一节 国际公共图书馆残障服务的发展与启示

1.1 国际公共图书馆残障服务的发展历程

国际公共图书馆残障服务的历史可以追溯到 19 世纪，其发展历程详细梳理如下。

一、起源与早期发展

19 世纪，国际公共图书馆对残障人士的服务起源于对盲人的帮助。1829 年，法国盲人路易·布莱尔发明了点字，使得盲人阅读成为可能。随后，1868 年美国波士顿公共图书馆开始接受盲文图书，并为盲人开展服务。英国在 1882 年由玛莎·阿诺德女士出资兴建了英国盲人外借图书馆。这些早期的尝试标志着公共图书馆开始关注并致力于为残障人士提供服务。

19 世纪末至 20 世纪初，随着社会的进步和民权意识的提高，公共图书馆逐渐开始为更多类型的残障人士提供服务。例如，印度图书馆在 1887 年就开始为残疾读者提供服务，包括盲文书籍和录音带等。

二、制度建设与规范化发展

20世纪中叶，在平等自由等现代人权理念的指导下，图书馆为残疾人服务得到了国际社会的普遍认可，并开始推进制度建设。1949年，联合国教科文组织发表了《公共图书馆宣言》，明确指出公共图书馆是一个教育的民主机构，应关注所有人的信息需求，包括残障人士。

1970年代。联合国教科文组织和国际图联等组织开始制定针对特殊读者群的服务标准。1972年，联合国教科文组织公布的修改后的《公共图书馆宣言》首次将残疾人的特殊需要列为重点。同年，国际图联修订出版的《公共图书馆标准》也公布了针对特殊读者群制定的系列标准。这些标准的制定为公共图书馆残障服务提供了指导和规范。

具体国家的制度建设。如美国在1931年通过帕烈特－史慕特法案，授权国会图书馆为全美成年盲人读者提供图书资料的责任，并建立一个全国性的图书馆盲人服务体系。1978年，美国国家图书馆盲人暨残障者服务正式成立（NLS），统筹全美图书馆对盲人与生理残障者服务。其他国家如加拿大、日本等也相继制定了相关政策和法规，推动公共图书馆残障服务的发展。

三、服务多样化与创新发展

（一）服务形式的多样化。进入21世纪，随着信息技术的快速发展，公共图书馆残障服务的形式更加多样化。除了传统的图书借阅服务外，还提供了数字资源、有声读物、在线咨询等多种服务形式。这些服务形式满足了残障人士多样化的信息需求。

（二）技术创新的应用。许多国家的公共图书馆开始利用现代技术手段为残障人士提供更加便捷、高效的服务。例如，美国图书馆通过网页点字系统为盲人服务，加拿大国家盲人协会图书馆则计划将全部馆藏数字化，创建视障者数字门户。这些技术创新的应用极大地提升了残障人士获取信息的能力。

（三）国际合作与交流。国际图联等国际组织在推动公共图书馆残障服务方面发挥了重要作用。它们通过组织培训、调研、出版物等方式，促进了各国图书馆之间的交流与合作，推动了全球公共图书馆残障服务的共同发展。

综上所述，国际公共图书馆残障服务的发展历程经历了从起源与早期发展、制度建设与规范化发展到服务多样化与创新发展等多个阶段。在这个过程中，公共图书馆不断关注并致力于满足残障人士的信息需求，推动社会公平与知识普及。未来，随着信息技术的不断发展和社会的持续进步，公共图书馆残障服务将继续迎来更多的挑战与机遇。

1.2 典型国家的残障阅读服务模式

一、美国残障阅读服务模式

（一）政策保障

美国国会在 1931 年颁布的《史慕特法案》（Pratt-snoot Act）内包含了一项关于"为成年盲人提供书籍"的法律条款。随后，在 1973 年与 1990 年，美国又分别通过了《康复法》与《美国残疾人法案》两部重要法案，对残障群体在阅读服务方面应享有的权益做出了明确规定。《康复法》（Rehabilitation Act）的第 504 条款指出，需确保残疾人平等地获取图书馆设施及服务的权利。而《美国残疾人法》（ADA，即 1990 年《美国残疾人权益保障法》）亦着重强调，应为那些曾遭社会及大众忽视与遗忘的残疾人提供服务。此外，2007 年的《美国著作权法》也为图书馆向残障读者制作与分发特定格式读物提供了法律支撑。该法第 106 条（关于版权作品的专有权利）清晰界定，经授权的主体，为盲人或其他残疾人专门制作的特定格式复制品或录音制品，若为非戏剧类已出版文学作品的版本，则不构成版权侵犯。

除了普遍适用的法律之外，美国在残障读者阅读推广服务方面，其图书馆法同样提供了坚实的保障。美国的图书馆法体系由联邦与各州的图书馆法共同构建而成。其中，《图书馆服务和技术法》作为三部联邦图书馆法之一，明确将针对残障读者的图书馆服务项目列为优先资助的对象。此外，部分州立图书馆法也对区域公共图书馆在推广残障读者阅读服务方面的权利与责任作出了具体规定。例如，《马里兰图书馆法》就规定，州图书馆委员会对地区中心图书馆拥有全面管理的权限，要求其必须为残障读者提供图书馆服务，并且所制定的相关规定、指导原则及标准均需遵循为残障读者提供最佳有声读物服务的原则。

（二）各级行业协会工作指导

创立于 1876 年的美国图书馆协会（American Library Association，简称 ALA）不仅是美国历史最悠久，而且是规模最大的图书馆行业组织。多年来，ALA 专注于图书馆员的专业培训、图书馆法规与标准的制定、出版物的编辑出版，并致力于推动全球图书馆界的交流与合作。作为其下属的 11 个分支机构之一，公共图书馆协会在开展工作时严格遵循《美国图书馆协会政策手册》(简称《ALA 政策手册》) 的指导。《ALA 政策手册》对残障读者的阅读推广服务提出了明确要求，倡导残障读者积极参与图书馆的建设，包括参与图书馆服务内容的规划、活动效果的评估等环节。同时，该手册还建议在图书馆员与志愿者的培训、图书情报专业学生的教育中，加强有关残障读者服务的专业知识教育。ALA 举办的各类培训活动中，也包含了与残障读者阅读推广服务相关的课程。例如，2015 年，ALA 出版社与编辑部联合推出了基本美国手语网络课程，旨在帮助图书馆员掌握简单的常用手语，以便更好地为残障读者提供服务。

此外，美国许多州立图书馆提供图书馆可访问性工具包（Library Accessibility Toolkits），指导地方馆改善无障碍服务，确保所有读者都能平等地获取图书馆资源和服务的一系列工具和资源。这些工具包通常包含：

1. 阅读材料。工具包中精心配备了多种格式的阅读材料，涵盖了大字体印刷版本，以便于视力不佳的人群轻松阅读；同时也包含了丰富的有声读物，让听觉成为获取信息的主要途径，特别适合视力受限的读者；此外，还有各式各样的电子书，以适应不同阅读偏好和设备兼容性的需求，确保各类人群都能找到最适合自己的阅读方式。

2. 聚会场所。提供无障碍设计的聚会场所，如配备齐全无障碍设施的会议室和讨论区，旨在确保无论身体状况如何，所有读者都能轻松进入并舒适地参与图书馆举办的各类活动。

3. 宣传推广。通过多种广泛且有效的渠道宣传图书馆的服务和丰富资源，这包括利用社交媒体平台发布即时信息，通过电子邮件定期发送详细通知，以及制作并发放直观易懂的宣传册，以确保各类信息能够以无障碍的方式广泛传播，让更多人了解并利用图书馆的资源。

4. 选书标准。制定全面的选书标准，细致考量书籍和资源的适应性，以确

第二章 公共图书馆残障阅读服务的现状与问题

保图书馆收藏的每一本书和每一份资料都能满足不同阅读需求，这尤其包括视觉障碍、听觉障碍以及认知障碍人士的特殊需求。

5. 阅读指导服务。提供专业的阅读指导服务，由经验丰富的图书管理员根据读者的兴趣和阅读水平，帮助他们精心挑选合适的阅读材料。同时，还配备必要的辅助服务，如个性化的朗读服务，以满足视觉障碍者的需求；以及详尽的导览服务，引导读者更好地理解和欣赏馆藏资源。

这些工具包服务的根本目的在于大力促进图书馆服务的包容性和可及性，从而确保每一位读者，不论其背景或能力如何，都能平等地获取并充分利用图书馆提供的丰富资源。

（三）盲文和有声读物阅读推广项目

美国的盲文和有声读物阅读推广项目主要通过公共图书馆、专业机构和国际合作等方式，免费为用户提供盲文和音频资料等多样化的阅读支持和服务。以下是一些相关的推广项目和最新进展：

1. 国家盲文图书馆（NLS）的服务。美国国家盲文图书馆（NLS）是盲文和有声读物推广的重要机构。NLS通过录制盲文和音频格式的书籍、杂志及其他阅读材料，分发给合作的区域图书馆用户。此外，NLS还提供超过20 000套电子书和40多种杂志的在线资源，帮助视障人士获取丰富的阅读内容。

2. 公共图书馆的专项服务。美国多地的公共图书馆设有专门的"有声读物和盲文中心"或"盲人和残疾人服务中心"，为视障群体提供个性化的阅读原著服务。这些服务包括电话广播阅读、志愿者服务、暑期阅读项目等。例如，阿灵顿公共图书馆为视障青少年配备了电脑、扫描仪等硬件设施，并提供图片处理等软件支持。

3. 中美盲文出版交流活动。2015年9月，中美盲文出版交流活动在美国西雅图的华盛顿州有声读物及盲文图书馆揭幕。活动以"阅读让生活更精彩"为主题，展示了中美两国在盲文出版和数字出版领域的成果，并探讨了数字化服务、阅读推广和志愿服务等话题。

4. DAISY有声书项目。DAISY（Digital Accessible Information System）是一种无障碍数字出版格式，广泛应用于视障人士的阅读推广。美国的有声读物事业部正在实施DAISY有声书及多媒体盲人读物项目，通过这种格式提供更便捷的阅读体验。

这些项目和服务展示了美国在推广盲文和有声读物方面的努力，旨在通过多样化的资源和技术手段，帮助视障人士更好地融入社会，提升生活质量。

（四）开展流动书车与上门服务

美国为残疾人提供的流动书车和上门服务是其公共图书馆系统的重要组成部分，旨在为行动不便的残疾人提供便捷的阅读资源和服务。以下是相关服务的具体内容：

1. 流动书车服务

流动图书馆车服务起源于美国纽约州，初衷是为偏远地带居民带去借阅服务及咨询便利。鉴于部分身体有障碍的读者长途出行不便，这一服务也在一定程度上惠及了他们。随着服务的逐步拓展，流动图书馆车不仅限于基础服务，还协助社区服务站点举办多样活动，诸如展览与故事讲述会等。美国许多公共图书馆通过流动书车为残疾人提供服务。流动书车通常配备无障碍设施，如坡道和轮椅通道，方便残疾人上下车。这些流动书车会定期前往社区的残疾人服务中心、养老院、康复中心等地，提供书籍、有声读物和盲文书籍等资源。

2. 上门服务

上门服务是美国公共图书馆为行动不便的残疾人提供的另一种服务模式。公共图书馆的工作人员或志愿者前往残障读者的住所，为他们提供图书借阅的便利。一些州还为残障读者准备了专门的宣传资料，例如，密歇根州的切尔西区图书馆（Chelsea District Library，简称 CDL），每两个月便会发行一期名为《住家读者》（At Home Reader）的业务通讯，内容涵盖了书籍评论、图书馆的最新藏书目录及项目介绍等；而 NLS（国家图书馆服务）则每月推出一本盲文手册，通过上门服务的方式，向残障读者推荐最新的图书资源。美国国会图书馆的盲人及其他身残人服务部（NLS）与美国邮政局合作，为残疾人提供免费邮寄服务，盲文书和杂志等资料可以通过免费邮寄系统送到读者家中。

（五）创建读书俱乐部

在美国，大多数图书馆都设立了多种形式的读书俱乐部，这些俱乐部分为线上和线下两种类型。读者俱乐部在美国城乡广泛分布，这些俱乐部由读书爱好者自行创办，成员构成多样，包括母子读书俱乐部、退休工程师读书俱乐部、单身母亲读书俱乐部、癌症患者读书俱乐部、残疾人读者俱乐部等。美国读者俱乐部的活动多样，为成员提供了一个交流读书心得、分享阅读体验的平台。

1. 推荐书目与阅读指导。读者俱乐部通常会精心挑选值得推荐的优秀图书，并通过会刊、网站等渠道向成员发布推荐书目。俱乐部还会邀请专家学者进行阅读指导，帮助成员提高阅读能力和鉴赏水平。

2. 阅读分享与交流。俱乐部成员会定期举行阅读分享会，分享自己的阅读体验和感悟。通过交流，成员们可以拓宽阅读视野，了解不同的阅读方法和技巧。

3. 举办展览与讲座。读者俱乐部还会举办与阅读相关的展览和讲座，如图书展览、作家签名售书会、文学讲座等。这些活动不仅丰富了成员的文化生活，还提高了他们的文化素养和审美能力。

4. 推广阅读计划。一些读者俱乐部还积极参与推广阅读计划，如"百万字阅读俱乐部"等。这些计划旨在鼓励成员们大量阅读，提高他们的阅读能力和阅读兴趣。

5. 网络对话与读书讨论。以俄亥俄州图书馆为例，其盲人和残障人士服务机构每月都会通过网络平台举办读书讨论活动。读者可以通过加入"网络对话与读书讨论俱乐部"（Cyber Dialogue Book Club and Discussion）来参与这些活动。活动前，该机构会在其官方网站上公布每次讨论会的具体时间以及所要讨论的书籍名称。读者可以选择使用 Skype 网络电话软件、拨打图书馆提供的电话号码，或者直接前往图书馆参与讨论。该服务机构还特别为残障儿童（11 岁以下）和残障青少年（11—18 岁）设立了专门的阅读俱乐部。这些俱乐部旨在向这些读者推广盲文和有声读物等阅读资源。监护人可以通过电话或电子邮件进行咨询和注册，随后机构会将申请表格邮寄给监护人。监护人填写完相关信息后，再将申请表格寄回，即可完成注册流程。注册成功的残障儿童和青少年将能够免费获得该机构提供的盲文或有声书籍及杂志。

此外，底特律公共图书馆则设立了底特律盲人和残障人士俱乐部，为残障读者提供生日庆祝、节日庆典等丰富多彩的活动。而布朗口袋书俱乐部也为残障读者提供了便捷的书籍阅览服务，确保他们能够享受到阅读的乐趣。

（六）开展各种活动

1. 感官友好型活动

（1）感官体验。俄亥俄州图书馆的盲人和残障人士服务机构为参观者在植物生长季节提供愉快的户外体验项目——感官花园（Sensory Garden）。花园中的植物都是经过精心挑选过的，因为它们独特的质地和香味，可以让残障读者体会大自然的声音和气味。NLS与雕刻和印刷局合作，为残障读者中失明或者视力受损的读者提供美元阅读器，帮助那些对美国货币识别困难的人群。

（2）自闭症[①]项目。为自闭症人士创造感官友好的环境减少噪声，降低音量。在活动场所或公共空间，将音量调整到舒适的水平，避免刺耳的声音刺激。使用降噪设备，提供降噪耳机或耳塞，帮助自闭症人士更好地控制听觉刺激。设置安静区域，在公共场所或活动场地设置专门的安静区域，供自闭症人士在感到不适时休息。柔和灯光，调整照明，使用柔和的灯光，避免强光和闪烁的灯光，减少视觉刺激。提供自然光源，尽可能利用自然光，并以柔和的人工光源作为补充。使用色彩灯，例如变色LED灯，通过循环柔和的色彩营造平静的氛围。允许自由活动，设置灵活的活动规则，在活动场所允许自闭症人士自由站立、走动或发声，不必担心被他人打扰。感官友好空间，设置感官室或独立空间，提供柔软的座椅、地垫和安抚玩具，让自闭症人士在需要时可以放松。提供感官玩具，在活动区域提供专门设计感官玩具，帮助自闭症人士缓解压力。在公共场所提供感官地图，标注不同区域的噪声水平、灯光强度等信息，帮助自闭症人士规划路线，避免过度刺激。提供感官包：包含感官玩具、耳塞、眼罩等物品，以满足不同需求。专业支持，在活动中配备职业治疗师或专业人员，为自闭症人士及其家庭提供支持。这些措施不仅有助于自闭症人士更好地参与活动，还能提升他们的舒适感和安全感，促进社会包容性。

2. 社会包容性活动

（1）手语融合项目。开展手语翻译的故事会、讲座，或聋人文化关怀相关的主题活动。美国的加劳德特大学（Gallaudet University）每年都会举办聋人文化日，旨在提高公众对聋人文化的认识和尊重。活动内容包括手语表演、讲座、艺术展览等，通过多样化的形式展示聋人社区的独特魅力。美国的"突破障碍剧场"（Theatre Breaking Through Barriers）自1982年起吸纳盲人和低视力表演者，并逐步扩展到支持所有残障表演者。他们在演出中提供手语翻译和字幕支持，打破沟通障碍。圣何塞公共图书馆系统在聋人月期间，为儿童和家长提供有关美国

---

① 自闭症属于通俗用语，便于活动推广，其专业术语应为孤独症。

手语（ASL）和聋人文化的书籍和资源，帮助社区更好地了解和支持聋人文化。

（2）手语学习课程。促进听健群体与听障群体的交流，每年的3月13日至4月15日被定为美国的"聋哑人月"，期间各地图书馆和社区会举办各种活动，推动聋哑人特别是聋哑儿童的教育事业。例如，马丁·路德·金纪念图书馆会举办手语教学活动，邀请聋人馆员向同事和公众教授手语。美国波士顿大学的加里布埃·琼斯博士（聋）曾为特殊教育学院师生举办《手语语言科学》讲座，全程配备手语翻译，帮助聋人和健听人更好地理解和交流。加州大学洛杉矶分校（UCLA）和得克萨斯大学奥斯汀分校（UT Austin）都开设了手语课程，不仅教授手语基础知识，还涵盖聋人文化的历史和社会背景。这些课程帮助学生更好地理解聋人群体的需求。

（七）建设专职馆员队伍

在美国，图书馆对馆员实施专业资格认证制度，要求他们掌握图书馆工作的专业技能与素质，并具备良好的职业道德。对于负责面向残障读者推广阅读服务的工作人员，除需满足图书馆的基本职业标准外，部分人员还需具备基础手语交流与盲文识别能力。此外，一些图书馆还特设了残障读者服务专员岗位，并将这些专员的姓名、电子邮件及工作电话等信息公开，以便残障读者能够便捷地寻求帮助。2001年，美国图书馆协会（ALA）发布的《残疾人服务政策》中明确指出，所有图书馆学情报学的研究生培养计划都应纳入对残疾用户及残疾员工需求的理解，教授残疾人辅助技术知识，以及影响图书馆服务的相关政策法规等内容。

二、日本残障阅读服务模式

（一）政策保障

从国家层面的政策视角出发，日本通过制定和实施一系列法律法规，确保了残障读者在公共图书馆中的阅读权益得到有效保障。这些法律法规的不断修订和完善，不仅优化了公共图书馆的服务内容，还提升了实际操作中的便捷性。举例来说，日本在2010年对《著作权法》进行了修订，明确规定了公共图书馆可以为视觉与听觉障碍者复制并提供相关无障碍资源的合法性。具体而言，该法案的第37条第二、三款指出，对于从事视觉、听觉障碍者福利事业的相关人员，针对已经公开发表的、可通过听觉或视觉认识的作品，为了供那些在使用此类作品时存在困难的视觉、听觉障碍者使用，可以采取将作品的声音转换为文字或其他适合视觉、听觉障碍者使用的方式，进行复制或自动向公众传播。

从公共图书馆的立场出发，日本的部分公共图书馆为残障读者的阅读权利制定了相关政策文件。例如，2016年，日本国立国会图书馆颁布了《国立国会图书馆应对残障歧视指南》，该文件清晰界定了"不当区分对待"与"合理关怀"的处理方式，并详细规定了图书馆工作人员的责任、处罚条例及针对残障读者的培训计划。这份文件使图书馆员能够清晰地了解到，在面对残障读者时，应采取何种辅助阅读措施。具体来说，图书馆员应避免在缺乏合理理由的情况下对残障读者进行区别对待，并应尽可能为他们提供支持。若因此给图书馆带来一定负担，可向残障读者进行适当说明。当多位残障读者反映同一问题时，图书馆员需及时上报，并考虑通过改善基础设施、丰富文献资源等方式进行解决。

（二）对面朗读项目

对面朗读是日本公共图书馆为残障读者提供的一项知名阅读推广服务，它在多个公共图书馆均有设立。例如，东京都立中央图书馆、大阪府立中央图书馆以及横滨市中央图书馆都组建了朗读团队，专门为残障读者提供面对面的朗读服务。这些朗读团队起初主要由图书馆馆员构成，随后逐渐转为由带薪志愿者主导，部分团队还吸纳了社会团体的参与。为了提升朗读人的专业技能和整体素质，图书馆会定期举办朗读技巧培训、交流会等活动，以优化面对面朗读服务的质量。横滨市中央图书馆便是其中的典范，该馆每年都会开设朗读者培训班，内容涵盖计算机术语发音技巧、录音设备操作等多个方面。残障读者只需提前2至3天进行预约，即可享受这项服务。考虑到残障读者的行动不便，图书馆还提供了车站接送服务。在朗读材料的选择上，残障读者拥有极大的自由度，他们可以自带材料，也可以在馆内挑选，甚至可以通过馆际互借的方式从其他图书馆获取所需的朗读材料。

（三）推广无障碍多媒体阅读资源

数字无障碍信息系统DAISY（全称Digital Accessible Information System）是一项专为残障群体设计的国际技术标准，旨在为他们提供数字有声读物服务。随着技术的不断进步和阅读体验的提升，DAISY的服务范围已逐渐扩展至普通大众。2000年，日本引进了这一标准并大力推广。为了普及DAISY系统的应用，日本残疾人康复协会通过举办研讨会和讲习班，向图书馆工作人员、残障人士及其相关机构介绍该系统的优势和使用技巧。同时，协会还在全日本多家图书馆安装了 DAISY 系统设备，并自行制作了一批数字无障碍信息系统图书，分发给各图书馆和使用者。

此外，各公共图书馆也积极响应，对 DAISY 系统进行了广泛宣传。例如，墨田区图书馆社区图书室在 2014 年的"残疾周"期间，制作了宣传册，积极推广"多媒体 DAISY 书"的使用。国立国会图书馆则专门负责全面采集全国公共图书馆制作的 DAISY 有声读物，并通过电子文献传递方式，向有需求的残障读者和其他公共图书馆提供有声读物资源。据统计，截至 2016 年年中，国会图书馆已自行制作和采集了 7 746 条 DAISY 数据，为残障读者提供了丰富的有声读物选择。

（四）举办无障碍书展

日本公共图书馆致力于提升公众对残障群体的关注度，并促进残障读者对无障碍图书的阅读，为此举办了相关图书展览。为了加深社会各界对无障碍图画书的认识，2014 年 7 月 29 日至 8 月 24 日期间，国立国会图书馆的国际儿童图书馆携手日本国际儿童图书评议会（JBBY），共同举办了"2013 世界无屏障图画书展——国际儿童图书评议会 2013 年推荐书籍展"。此次展览主要展示了包括盲文与手语图画书、布艺绘本以及描绘残障儿童生活的书籍在内的多种无障碍图书。

（五）邮递外借与送书上门

长期以来日本公共图书馆为残障读者提供邮递外借与送书上门服务，这两项服务在推广残障读者阅读方面发挥着重要作用。鉴于残障读者的行动限制，他们可以通过电话或短信与图书馆进行沟通。图书馆工作人员随后会通过邮寄方式，将新书目录、所需的有声读物或盲文书籍等发送给残障读者。此外，残障读者还可以利用公共图书馆的送书上门服务来获取所需的阅读资源。通常，上门服务会与流动图书车相结合，工作人员在走访过程中不仅能送达书籍，还能进一步了解残障读者的阅读需求，从而提供更加贴心的服务，并增进读者与图书馆之间的亲近感。

（六）交流培训与团队建设

日本公共图书馆在提升服务质量方面，除了依据各自需求对馆员和志愿者进行技能培训外，部分图书馆还会参与由日本图书馆协会定期组织的、针对残障读者阅读推广服务的培训课程。这些课程由日本图书馆协会下属的残疾人服务委员会负责实施，主要面向全国各大公共图书馆及大学图书馆。例如，2016 年 12 月 13 日至 14 日，日本图书馆协会与国会图书馆关西馆（位于京都）就联合举办了

"残疾服务人员培训课程",内容涵盖了公共图书馆面向残障读者的阅读推广服务理念、实际操作方法(如馆际互借、信息检索等),以及相关法律法规(《著作权法》解读)等方面。

此外,日本图书馆协会还不定期举办相关研讨会,以促进图书馆服务在残疾人权益保障方面的持续优化。比如,2016年3月2日至4日,日本图书馆协会(东京)与大阪府立中央图书馆(大阪)就联合举办了"消除残疾人歧视的图书馆服务研讨会",旨在通过深入交流与探讨,进一步提升图书馆对残障读者的服务质量与包容性。

三、俄罗斯残障阅读服务模式

(一)建立法律法规

俄罗斯通过构建一系列相互协调的法律框架,有效推动了公共图书馆在残障读者阅读推广方面的发展。这些完善的法律法规不仅彰显了公共图书馆为残障读者提供服务的重要性,还为其提供了诸多便利。例如,《俄罗斯知识产权法》中的《俄罗斯联邦民法典》第四部分明确规定,图书馆有权将已发表的作品转化为电子读物供盲人读者使用,且无须征得作者同意或支付报酬,但需在复制时清晰标注作者姓名及引用来源等信息。同时,《俄罗斯联邦呈缴本法》也规定,盲文专业出版社每年需向俄罗斯国立盲人图书馆呈缴两类盲文书籍及有声资料。

另一方面,法律也确保了残障读者能够公平地享受公共图书馆的服务。在《俄罗斯联邦图书馆事业联邦法》的第二章第八节中,特别强调了残障群体在使用公共图书馆时应享有与普通读者同等的服务权利,包括借阅特殊形式文献的权利。此外,该法还对面向残障读者提供的函件传递与流动服务所需的资金做出了明确规定,指出这些资金应从联邦计划经费与预算中专项划拨,以确保服务的持续性和稳定性。

(二)制定工作规范

《俄罗斯联邦主体盲人图书馆工作规范》(以下简称《工作规范》)于2010年得以颁布,该准则详细规定了俄罗斯盲人图书馆的日常运营标准,它代表了俄罗斯图书馆协会对盲人图书馆工作设定的最低标准建议,并得到了协会的推荐,供各地政府参考以制定相应的发展蓝图。

《工作规范》的内容涵盖了馆内无障碍资源的配置、设施的建设、专业人员的安排、读者服务流程以及服务效果评估体系等多个维度。具体要点包括：
（1）服务对象：明确指出，俄罗斯盲人图书馆应面向所有年龄段的视觉障碍者及其家庭成员，以及那些因故无法正常使用公共图书馆服务或阅读印刷文献的其他类型残障人士提供服务。此外，还应服务于从事残障人士服务工作的相关人员。
（2）无障碍设施：要求各盲人图书馆配备必要的盲人阅读辅助设备，诸如录音设备、播放器、阅读器等，以及电子放大器、扫描仪、盲文打字机等，以满足盲人读者的多样化需求。（3）专业人员配置：以 250 名读者为基准，配置一名专业工作人员负责相关工作。对于传统的送书上门和邮寄外借服务，则按照每 180 名残障读者配备一名馆员的标准进行。同时，确保馆内工作人员中至少有 90% 为高校毕业生，且具备相应的专业素养，以保障服务质量。

（三）开展残障读者的阅读推广活动

为了激发残障读者的阅读兴趣，俄罗斯盲人图书馆采取了多项措施，如推荐优秀书籍和举办无障碍图书评选活动，旨在提升残障读者对书籍的关注，并推动无障碍出版物的进步，以便图书馆能更有效地为残障读者提供优质的无障碍阅读素材。例如，从 2012 年 1 月至 2013 年 4 月期间，俄罗斯国家盲人图书馆携手俄罗斯图书馆协会残疾人委员会以及莫斯科出版印刷协会等机构，共同发起了一项名为"盲人和弱视儿童最佳著作评选大赛"的活动，参赛作品在俄罗斯盲人图书馆进行了展示。该活动的组织委员会及评审团由该领域的专家学者及活跃的盲人读者构成。

（四）创建多样化的残障读者俱乐部

俄罗斯公共图书馆为了服务盲人读者，创建了多样化的俱乐部，将这些读者组织成不同团体，为他们提供专门化的指导与援助。同时，针对不同类型的读者群体，图书馆也实施了相应的阅读推广策略。例如，在俄罗斯盲人协会的引领下，俄罗斯国家盲人图书馆成立了"青少年学生克服障碍俱乐部"，该俱乐部专为盲人青少年学生设计了一系列定期活动，涵盖会议、讲座、培训、书籍评选、展览及音乐会等，所有活动内容均依据盲人青少年学生的兴趣、学习能力和心理特征进行定制。此外，俄罗斯国家图书馆还设立了"盲人网民一体化俱乐部"，旨在提升盲人读者的计算机操作技能和互联网信息资源获取能力。该俱乐部的成员为 16 岁以上的残疾人，定期举办成员大会、讲座、课程、研讨会及展览。其资金来源主要包括会员费、捐赠以及活动收入。

1.3 国际经验的启示

一、以完善的法律体系保障残障读者的阅读权利

美国、日本及俄罗斯三国,通过其图书馆法与著作权法等法律的相互协调配合,有效保障了残障读者在公共图书馆中的合法权益。公共图书馆在推广阅读服务给残障读者时,不仅强化了自身的责任担当,还明确了各项工作的具体内容。与此同时,这些国家的残障读者在阅读权利方面也得到了更为公正的对待。因此,我国在构建相关法律体系的过程中,可以借鉴这三个国家的立法经验,来完善我们的法律框架。具体而言,包括对《中华人民共和国公共图书馆法》与《中华人民共和国著作权法》的修订,以及制定配套的地方性政策措施,从而确保残障读者在阅读权利方面得到公平对待。

二、大力推进无障碍数字化阅读资源应用

美国的 NLS 计划最初由国会图书馆倡导,现已覆盖至全国范围。在推广进程中,美国联邦国立图书馆携手众多图书馆展开合作,众多地方图书馆利用宣传册和网页等多种渠道进行广泛宣传,有力推动了该计划的实施。同样,日本在推广数字无障碍信息系统 DAISY 时,也是采取了多馆联合、共同宣传的策略。对于我国残疾人数字图书馆在推广过程中的做法,可以借鉴美国的 NLS 计划经验,加大地方性图书馆对该数字图书馆的宣传力度,构建网络化的推广模式,提升残疾人数字图书馆的使用频率,优化其资源配置,进而推动其快速发展。

三、建立长效机制保证残障读者的阅读体验

美国的流动图书车计划与日本的"对面朗读"项目均历史悠久,在本土的发展进程中,服务团队不断壮大,赢得了残障读者的广泛赞誉。各类俱乐部也通过周密的策划与常态化的活动安排,为读者带来了优质的阅读体验。公共图书馆常采用俱乐部的形式,将残障读者聚集在一起,以共同的兴趣为纽带建立联系。这些俱乐部根据各自的需求,有组织、有计划地开展活动,服务对象明确,活动内容也极具针对性。例如,美国的网络对话与读书讨论俱乐部(Cyber Dialogue Book Club and Discussion)每月都会通过网络平台举办读书交流会,并设有专人负责此项工作。网络交流的方式有效缓解了残障读者的出行难题,同时,俱乐部提前公布的书单也让残障读者能够根据个人喜好选择阅读方式，从而弥补了公共图书馆资源有限的不足。

目前，我国公共图书馆针对残障读者的阅读推广服务活动尚不完善，多数活动倾向于体验式，缺乏固定且规律性的服务项目，这不利于残障读者养成良好的阅读习惯。因此，公共图书馆在开展针对残障读者的阅读推广项目时，应避免活动间隔时间过长，确保活动频率适中，力求每项活动都能持续进行，而非时断时续。为实现这一目标，可以深化公共图书馆对残障读者阅读推广服务的理念认知，指定相对稳定的专职人员负责活动的全程管理，并制定相应的奖惩机制。

四、制定具有可操作性的服务工作规范

《俄罗斯联邦主体盲人图书馆工作规范》为俄罗斯盲人图书馆的工作提供了明确依据，有效推动了俄罗斯盲人图书馆在残障读者阅读推广方面的发展。相比之下，我国公共图书馆在相应的工作规范方面尚显不足，这导致公共图书馆在发展过程中往往缺乏明确的方向性。因此，中国图书馆学会及中国残疾人联合会的相关机构可以考虑制定相应的工作准则，对公共图书馆中残障读者应享有的阅读空间、阅读资源及服务进行明确规范，从而提高公共图书馆面向残障读者开展阅读推广服务的可行性和可操作性。

五、行业协会指导推动阅读服务的发展

美国图书馆协会、俄罗斯盲人协会及日本图书馆协会在残障读者阅读推广工作中发挥着关键的引领作用，它们定期举办研讨会和培训活动，向图书馆工作人员传授最新的技术应用、读者服务理念和基础手语等知识，助力工作人员提升专业技能，深入理解残障读者阅读推广的理论与实践方法。这些举措确保了公共图书馆界对残障读者阅读推广工作的持续关注与热情，同时，也提升了工作人员的专业能力，有效促进了该领域的发展。

同样，我国各图书馆学会、残疾人联合会、特别是类似于俄罗斯盲人协会的组织，也应发挥表率作用，主动开展相关活动，制定完善的工作规范与标准，并定期组织培训课程和研讨会。通过这些措施，强化公共图书馆对残障读者的阅读推广服务，使这项服务成为公共图书馆一项具有特色的工作内容和服务亮点。各图书馆应在学会的引领下，科学推进残障读者阅读推广工作，促进其快速发展。

第二节　中国公共图书馆残障服务的现状

2.1　政策支持与法规保障

随着经济社会的长足发展，我国公共图书馆的残障阅读服务在政策支持与法律保障方面不断完善。

一、对残障群体文化服务的法律保障

（一）《中华人民共和国残疾人保障法》 该法设立"文化生活"专章，明确国家保障残疾人享有平等参与文化生活的权利。法律要求政府和社会采取措施，组织和扶持盲文读物、盲人有声读物及其他残疾人读物的编写和出版，并在公共图书馆设立盲文读物、盲人有声读物图书室。

（二）《中华人民共和国无障碍环境建设法》 作为我国无障碍领域的第一部专门性法律，该法于2023年9月1日起施行。它明确规定公共图书馆应提供适合残疾人需要的文献信息、无障碍设施设备和服务等。此外，该法还规定国家鼓励公开出版发行的图书配备有声、大字、盲文、电子等无障碍格式版本，进一步丰富了残障群体的阅读资源。

（三）《中华人民共和国公共图书馆法》 该法第三十四条要求公共图书馆应当考虑残障群体的特点，积极创造条件，提供适合其需要的文献信息、无障碍设施设备和服务等，这为公共图书馆开展残障阅读服务提供了明确的法律依据。

（四）《马拉喀什条约》 2021年10月23日，中国正式批准该条约。根据条约规定，公共图书馆可以为包括视力残疾人在内的阅读障碍者提供无障碍格式版作品，且在一定条件下可以不经著作权人许可，不向其支付报酬。这极大地丰富了残障群体可获取的作品资源。

二、对残障群体的政策支持

（一）国家发展规划与实施方案。我国将残疾人事务纳入国家经济社会发展总体规划和国家人权行动计划。例如，《"十四五"提升残疾人文化服务能力实施方案》扶持有条件的省、市、县三级公共图书馆建立盲人阅览室（区），增加盲文图书和视听文献资源，并配备相关阅读设备。

（二）设施建设与资源供给。国家持续推动公共图书馆的无障碍环境建设，截至 2023 年，全国各级公共图书馆共有 1 541 个盲文及盲文有声读物阅览室。此外，国家还实施盲人读物出版工程、盲人数字阅读推广工程，重点支持出版残疾人题材或残疾人作者的图书、音像制品，进一步丰富残障群体的阅读资源。

（三）社会力量参与。国家鼓励企事业单位、社会组织和个人为残障群体提供捐助和服务，推动公共图书馆与社会力量合作，共同为残障读者提供更优质的阅读服务。

这些法律和政策的实施，为公共图书馆的残障阅读服务提供了坚实的保障，推动了残障群体文化权益的实现。

2.2 现有服务设施与资源

一、残障服务设施

（一）无障碍通行设施。公共图书馆普遍设置了无障碍通道、无障碍卫生间、无障碍停车位等设施，确保残障人士能够便捷地进入和使用图书馆。部分图书馆还安装了智能语音提示器和无障碍智能服务桩，为视力障碍人士提供语音导航和一键求助服务。

（二）信息无障碍设施。一些图书馆采用了数字盲道技术，通过室内定位系统和智能导航，为视障读者提供精准的室内导航服务。图书馆还配备了盲文点显器、助视器、盲用电脑等辅助设备，帮助残障人士更好地获取信息。

（三）阅读环境优化。截至 2023 年，全国各级公共图书馆共设有 1 541 个盲文及盲文有声读物阅览室，为视障群体提供专门的阅读空间。

部分图书馆还设置了无障碍标识和语音播报系统，进一步优化残障人士的阅读体验。

二、残障服务资源

（一）实体资源。中国盲文出版社推进盲文书刊、有声读物、大字图书、无障碍影视、数字出版等五项出版与传播工程。目前已形成了年均出版盲文读物

1 000 种 5 000 万页、多媒体盲人读物 1 000 课时、有声读物 1 250 小时、大字版图书 200 种、无障碍影片近百部的出版规模。全国公共图书馆的盲文及有声读物资源不断增加，部分省级图书馆依靠自身力量制作盲文图书和有声读物。

（二）数字资源。据中国残联网站公布的数据，截至 2018 年盲人数字图书馆已拥有 20T 资源量，电子盲文 4 846 种约 5 亿字，电子图书 15.7 万种，有声总资源达 13 000 余种 6 万多小时，视频资源 800 种 8 442 集约 5 500 小时等丰富资源。并且通过云图数字有声图书馆、数据库、微信公众号等平台，为残障人士提供便捷的远程访问服务。

（三）特色服务。图书馆开展口述影像服务，通过工作人员的口述帮助视障人士更好地欣赏电影。部分图书馆还提供盲文刻印服务、盲人文化辅助器具借用等特色服务。

第三节　残障阅读服务存在的问题

3.1　服务可及性不足

我国公共图书馆的残障阅读服务在近年来虽有显著进展，但服务可及性仍存在不足，主要体现在：

（一）设施建设不完善。公共图书馆的无障碍环境建设存在区域差异。经济发达地区的无障碍环境建设相对完善，而经济欠发达地区则存在设施缺失、设计不合理、维护不到位等问题。例如，部分图书馆的盲道被占用、盲文标识磨损、语音系统播报延迟等现象较为常见。此外，辅助阅读设备的配备率较低，尤其是视障群体所需的盲文点显器、助视器等设备不足。

（二）资源供给不足。尽管我国残障群体数量庞大，但适合残障人士的阅读资源仍显匮乏。省级公共图书馆的盲文读物、大字读物、有声读物等资源存在馆藏陈旧、形式单一、更新不及时的问题。数字资源方面，残障群体的数字素养较低，难以有效利用现有的数字资源，且各图书馆之间的数字资源共享机制不完善。

3.2 服务内容单一

公共图书馆为残障群体所提供的服务内容相对较为单一，主要集中在基础的馆藏借阅服务、信息查询帮助以及无障碍电影观看体验等方面。然而，这些服务远未能全面覆盖残障人士多样化的需求，诸如技能培训、心理辅导与咨询等更为个性化、深层次的服务尚显匮乏。技能培训的缺失限制了残障人士自我提升和发展的机会，而心理辅导与咨询的缺乏则可能让他们在面对生活挑战时感到孤立无援。此外，部分公共图书馆在服务宣传力度上的不足也是一大问题，这直接导致了残障群体对图书馆丰富资源和贴心服务的认知度普遍较低，进而影响了他们充分利用这些资源来改善自身生活质量的可能性。

3.3 专业人才匮乏

公共图书馆在服务团队建设方面存在明显不足，特别是针对残障群体的服务力量薄弱，缺乏具备专业技能的助残服务人员以及积极投入的志愿者群体。部分图书馆工作人员对残障读者的服务意识相对淡薄，他们往往没有接受过系统的助残服务培训，因此在面对残障群体的特殊需求时，难以提供周到且高质量的专业服务。这不仅影响了残障读者利用图书馆资源的便捷性和舒适度，也制约了公共图书馆在推动社会包容性和无障碍阅读环境建设方面的作用发挥。

3.4 技术应用滞后

我国图书馆残障阅读服务的技术应用还相对滞后：

（一）信息无障碍标准体系不完善。我国公共图书馆的信息无障碍标准体系建设仍处于起步阶段，存在标准出台不规律、标准效力偏低、行业标准居多、标准覆盖范围狭窄等问题。例如，现行标准大多浮于表面，无法满足残障群体的多样化需求，导致信息无障碍建设的整体进展受限。

（二）数字资源与技术应用不足。尽管部分图书馆已引入数字盲道、无障碍地图等技术，但整体应用仍不广泛。例如，数字盲道技术涉及定位、导航、环境感知等多领域技术，但实际应用中仍存在盲道被占用、定位不精准等问题。此外，许多公共图书馆的数字资源建设滞后，缺乏无障碍音视频播放器、个性化跳转功能等，导致残障群体难以有效利用数字资源。

（三）网站无障碍设计欠缺。根据对128家市级以上公共图书馆的调查，我国公共图书馆网站的无障碍设计存在诸多问题，仅有10%的图书馆提供无障碍服务工具。这表明大部分图书馆在网站无障碍建设方面仍需加强，以提升残障用户的使用体验。

（四）技术应用的区域差异明显。经济发达地区的公共图书馆在无障碍环境建设和技术应用方面相对完善，而经济欠发达地区则存在较大差距。例如，部分地区图书馆的无障碍阅读辅助设备配备率较低，无障碍设施设计不合理、施工不规范等问题较为突出。

（五）社会合作与资源共享不足。各图书馆之间缺乏有效的合作机制和统一的技术标准，导致残障群体的数字资源难以实现共享，容易出现资源浪费和重复建设的情况。此外，社会力量参与残障阅读服务的深度和广度仍需拓展，合作机制不够成熟。

第四节　问题成因分析

我国残障阅读服务产生的问题，受到多重因素的制约。

4.1　社会观念与文化因素

一、社会观念因素

（一）刻板印象与偏见。社会公众对残障群体普遍存在着一种刻板印象，认为他们缺乏阅读能力或者没有强烈的阅读需求，这种偏见尤其针对心智障碍群体。这种根深蒂固的观念导致残障群体的阅读需求常常被社会大众乃至相关服务机构所忽视，进而使得他们难以获得应有的文化支持和关怀，阻碍了他们在精神文化层面的成长与进步。

（二）社会关注度不足。残障阅读服务目前尚未充分引起社会的广泛关注与重视，公众对于残障群体在文化生活方面的具体需求缺乏深入的了解和认识。这种认知上的不足，直接导致了相关阅读服务在推广上的困难以及资源投入上的不足，进而影响了残障群体获取文化资源和享受阅读乐趣的机会。

（三）专业意识淡薄。图书馆馆员和相关服务人员因缺乏对残障群体的深入了解以及必要的专业培训，导致在服务提供过程中未能充分且精准地调研残障群体的多样化阅读需求。这种对需求把握的不足，直接影响了服务内容的针对性和有效性，从而使得服务效果不尽如人意。

二、文化因素的影响

（一）文化资源的"无障碍化"不足。残障群体，尤其是心智障碍者，面临着适合其阅读水平和兴趣的出版物严重匮乏的问题。市场上现有的读物往往难以兼顾他们的特殊需求，导致他们在寻找合适的阅读材料时困难重重。同时，文化机构在提供无障碍阅读资源方面也存在着明显的不足，无论是从资源的丰富度、更新的及时性，还是服务的便捷性方面，都难以满足残障群体平等参与文化活动的需求，从而限制了他们享受文化生活、提升自我认知的机会。

（二）文化活动的融合性不足。残障群体的文化活动往往被孤立地组织，缺乏与普通群体的有效融合与互动。这种文化上的隔离不仅加剧了残障群体在社会融入方面的困难，也极大地限制了他们接触和体验多元文化的机会，不利于其全面发展。

（三）文化观念的滞后。传统观念里，阅读被普遍视为一种高度个体化的、以文字为主要载体的行为，而对于残障群体在阅读方面所展现出的特殊需求，如有声读物、无障碍电影、图形化资源等，社会整体的重视程度明显不足。这种滞后于时代发展和残障群体实际需求的观念，严重阻碍了无障碍阅读服务的快速发展与普及。

4.2 资源分配与政策执行

一、阅读资源分配状况

（一）资源供给增加但仍然不足。虽然我国通过多项政策推动无障碍阅读资源的供给。例如，《"十四五"提升残疾人文化服务能力实施方案》明确提出扶持有条件的省、市、县三级公共图书馆建立盲人阅览室（区），增加盲文图书和视听文献资源。然而，部分地区仍存在资源分配不均衡的问题，尤其是中西部和农村地区，资源供给相对匮乏。

（二）数字资源建设加快仍存缺口。我国积极推动无障碍数字资源的建设。例如，中国盲文出版社在"十三五"期间累计出版盲文读物5 016种、有声读物3 519种。此外，国家实施的盲人数字阅读推广工程为公共图书馆配置了大量有声读物和智能听书机，有效提升了盲人阅读的便利性。有些贫困地区未完全覆盖。

二、政策执行情况

（一）政策框架完善还有空间。我国已出台多项政策，旨在全面保障无障碍阅读服务的推广与实施。例如，《以无障碍方式向阅读障碍者提供作品暂行规定》不仅明确界定了无障碍格式版的定义，还详细规定了提供此类服务所需满足的条件，有力推动了出版机构同步制作无障碍格式版的进程，以满足残障群体的阅读需求。此外，《马拉喀什条约》的正式落地生效，更是从国际法律层面为我国无障碍阅读服务提供了更为坚实和有力的支持。然而，尽管有这些政策作为基础，我国在无障碍阅读服务的相关标准体系与执行标准方面仍存在一定的不完善之处，有待进一步细化和优化。

（二）政策落实不到位。尽管我国有《中华人民共和国公共图书馆法》《中华人民共和国无障碍环境建设法》等一系列法律法规，为残障群体的文化权益提供了坚实的法律保障，但在实际执行过程中，部分地区仍然存在政策落实不到位的情况。这种区域执行差异显著，具体表现为：在经济较为发达的地区，由于资金充足、意识较强，相关政策能够得到较好的执行，无障碍阅读服务也相对完善；然而，在经济欠发达地区，由于资源分配有限、重视程度不足，政策的执行和服务的落实仍然面临着诸多挑战，导致残障群体在享受文化权益方面存在不小的困难。

（三）社会力量参与不足。残障阅读服务的有效推进亟需社会力量的广泛参与和深入合作，但遗憾的是，目前我国在这一领域的社会合作机制尚不健全，存在明显不足。具体而言，图书馆与社会组织、志愿者团队、企业等潜在合作伙伴之间的合作框架和流程尚未成熟，这直接导致了服务资源的分散配置和整体效率的低下。此外，专业服务能力的不足也是制约残障阅读服务发展的重要瓶颈。特别是在部分地区，公共图书馆严重缺乏具备专业技能和丰富经验的无障碍服务人员，这不仅影响了服务的质量和效果，也难以满足残障群体日益增长的多元化需求。

（四）公众教育与宣传不足。社会对残障群体的文化需求以及无障碍服务的重要性宣传尚显不足，这直接导致了公众对残障阅读服务的认知度和参与度处于较低水平，难以在全社会范围内形成良好的关注和支持氛围。无障碍阅读服务本身的宣传力度也不够，许多旨在提升残障人士生活质量的具体政策和贴心服务，由于宣传渠道有限或宣传方式不够贴近残障群体，导致部分残障人士对相关政策和服务的知晓度较低，从而错过了获取帮助和改善自身阅读条件的机会。

4.3 技术与成本的制约

我国无障碍阅读服务的发展受到技术与成本的双重制约。

一、技术制约

（一）技术应用滞后。我国无障碍阅读服务的技术应用整体上仍处于不断发展和完善的阶段，部分公共图书馆在无障碍环境建设和数字技术应用方面仍存在明显的不足之处。例如，在无障碍影视服务方面，虽然近年来有所发展，为视障群体提供了更多的文化娱乐选择，但技术手段相对单一，主要依赖于音频描述和字幕服务，且推广范围有限，未能覆盖到所有有需求的读者。同时，无障碍阅读软件市场虽然呈现出逐步发展的态势，但市场上的软件在技术水平、操作便捷性以及功能完善度等方面仍有待进一步提升，以满足残障群体日益增长的多样化阅读需求。

（二）新技术融合不足。在无障碍阅读服务领域，一些前沿新技术，如 3D 盲文打印、智能语音导航系统等，尽管展现了巨大的潜力，但其应用仍处于初期的探索阶段，尚未能实现大规模普及与推广。以 3D 盲文绿色印刷技术为例，这项技术通过三维打印技术，能够制作出触感更为真实、信息呈现更为丰富的盲文书籍，极大地提升了盲人群体的阅读体验。然而，目前该技术的实际应用仍面临着成本高昂和技术成熟度有待提升的双重挑战，这在一定程度上制约了其推广的速度和范围。

（三）区域技术差异。经济发达地区在无障碍阅读技术的应用上相对领先，能够提供给残障群体更为便捷、高效的阅读服务。相比之下，中西部和农村地区的无障碍阅读技术应用仍较为滞后，这主要体现在技术设备的普及程度、服务平台的搭建以及专业人员的配备等方面。这种区域间的技术应用差异，直接导致了无障碍阅读服务在不同区域间的差距明显，影响了残障群体在全国范围内享受均等化服务的权利。

二、成本制约

（一）资源开发成本高。无障碍阅读资源的开发是一项耗资巨大的工程。举例来说，无障碍影视作品的制作、盲文读物的出版以及数字有声资源的开发，每一个环节都需要不菲的资金投入。特别是无障碍影视作品的制作，其复杂性和专业性要求极高。"十三五"期间，国家出版基金大力资助，成功制作了610部无障碍影视作品，极大地丰富了残障人士的精神文化生活。然而，这些资源的制作和推广成本高昂，不仅涉及剧本改编、配音、后期制作等多个环节，还需要考虑到版权、分发渠道以及市场推广等费用，这些都使得无障碍阅读资源的开发面临不小的经济压力。

（二）技术设备投入大。无障碍阅读服务需要配备一系列专业的技术设备，例如盲文点显器、助视器、智能听书机等，这些设备对于满足残障读者的特殊阅读需求至关重要。然而，这些设备的采购和维护成本相对较高，不仅涉及初期的一次性投入，还包括后续的定期维护、更新及故障修理等持续支出，这无疑增加了图书馆的财务负担，从而限制了部分图书馆在设备配备上的能力和范围。

（三）运营成本高。无障碍阅读服务的顺畅运营离不开各类专业人员的全力支持，这涵盖了具备技术专长的人员以确保数字资源的无障碍访问，经验丰富的服务人员来提供个性化指导，以及充满热情的志愿者来增进社区的参与和包容性。同时，为了保持无障碍设施如电梯、盲文图书、有声读物播放设备等处于最佳状态，持续的维护和适时的更新是必不可少的，这些都需要额外的资金投入，从而进一步增加了无障碍阅读服务的整体运营成本。

第三章
社会正义视角下的残障阅读服务理念

从社会正义的视角来审视,残障阅读服务的核心理念深植于平等、包容和赋能三大支柱之中。这一服务旨在通过精心设计的无障碍阅读措施,确保残障群体能够平等地获取文化资源,从而切实保障他们的文化权益不受侵害。同时,它强调包容性,意味着无论残障程度如何,每个个体都能在阅读中找到属于自己的天地,享受知识带来的滋养与启迪。更进一步,残障阅读服务致力于赋能残障群体,通过提升他们的阅读能力和信息素养,为其社会融入和全面发展铺设坚实的基石。这一系列举措不仅彰显了社会对残障群体的深切关怀,更是推动社会整体进步与和谐的重要一环。

社会正义视角下的残障阅读服务理念,着重强调平等、包容和赋能三大核心价值。这一理念不仅是一个口号,更是通过政策保障、技术创新应用以及广泛社会力量的积极参与,共同推动无障碍阅读服务向更高质量层次发展的实践指南。这些综合措施不仅能够有效保障残障群体平等获取文化信息的权益,使他们能够自由遨游于知识的海洋,而且还为构建一个更加公平、更加包容的社会环境奠定了坚实的基础。

第一节　包容性服务的理论基础

1.1　残障群体的多元需求

残障群体的多元需求涵盖了生活的各个方面，包括日常起居、教育学习、就业发展以及社会参与等多个层面。

一、无障碍环境需求

残障群体对无障碍环境的需求是基础且关键的。视障群体需要导航体系、人机交互、语音提示等辅助设施；听障群体需要导引系统、字幕工程和手语交流服务；肢体障碍群体则需要坡道、直梯、无障碍卫生间等设施。此外，智力障碍群体的无障碍需求也需要进一步研究和解决。

二、康复与医疗需求

康复是残障群体平等参与社会生活的重要手段，不同类型的残障群体对康复的需求存在差异。例如，听障群体需要助听设备，智力障碍和言语障碍群体需要康复训练。此外，残障群体还面临医疗资源不足、康复服务不完善等问题。

三、教育与就业需求

残障群体在教育和就业方面的需求同样重要。他们需要获得平等的教育机会，包括特殊教育资源和融合教育支持。在就业方面，残障群体需要更多的就业机会和职业培训，以实现自我价值。

四、社会参与需求

残障群体希望平等参与社会活动，包括文化、体育和社交活动。例如，图书馆可以通过提供无障碍视听资源，满足残障群体的文化需求。此外，社区活动和社会支持也是满足他们社会参与需求的重要方式。

五、情感与心理支持需求

残障群体在情感和心理方面的需求往往被忽视。他们需要获得情感关怀、心理咨询和社会支持，以缓解心理压力。例如，残障女性可能因家庭角色和身体障碍面临多重困境，需要心理支持和经济援助。

六、经济保障需求

部分残障群体面临经济困难，尤其是老年残障群体和贫困残障群体。他们需要社会保障、经济补贴和就业支持，以保障基本生活。

七、个性化与精准服务需求

残障群体的需求因个体差异而异，需要提供个性化和精准化的服务。例如，残障儿童的需求不仅包括康复和教育，还涉及家庭支持和社交能力培养。此外，社区和机构应根据残障群体的具体情况，提供定制化的服务。

综上所述，残障群体的多元需求涉及无障碍环境、康复医疗、教育就业、社会参与、情感心理支持、经济保障等多个方面。满足这些需求需要全社会的共同努力，以及政策、服务和社会支持的不断完善。

1.2 包容性服务的定义与特征

一、包容性服务的定义

包容性服务是指通过设计服务、服务相关产品或服务环境，让尽可能多的人（无论个人情况如何）能够方便地使用和访问。这种服务模式旨在减少因能力、背景或情境差异而导致的障碍，确保所有人都能平等地享受服务。包容性服务的核心理念在于，通过对服务本身、与之相关的产品以及服务环境的精心设计，使得尽可能广泛的人群，无论其个人身体条件、认知能力、年龄、性别、社会经济背景或其他任何情况如何，都能够便捷、无障碍地使用和访问这些服务。这种服务模式的核心在于减少因能力差异、社会背景差异或特定情景差异而导致的各种障碍，从而确保所有人都能在一个公平、平等且尊重差异的基础上，充分享受服务带来的便利和益处。包容性服务不仅关注于满足大多数人的普遍需求，更致力于消除那些可能阻碍特定群体获取服务的壁垒，促进社会的整体和谐与进步。该服务模式的核心目标是消除因个人能力、社会背景或特定情景差异所造成的种种障碍，从而确保服务能够公平、无差别地为所有人所享用。

二、包容性服务的特征

包容性服务具有以下特征：

（一）公平性：包容性服务公平对待所有人，无论其性别、年龄、种族、宗教信仰、社会地位或是个人能力如何，都应受到一视同仁的待遇，既不歧视，也不误导任何特定群体。在服务过程中，始终秉持公正无私的原则，确保每个人都能享有平等的权益和机会。

（二）灵活性：根据被服务者的具体需求和能力差异，提供灵活多样的服务方式，以满足不同个体的独特需求。

（三）可及性：服务设计应确保尽可能广泛的人群能够轻松使用，特别关注并包含弱势群体，如老年人、残疾人等，以体现服务的全面性和包容性。

（四）创新性：创造性地运用新技术和服务流程，旨在更精准、更有效地支持有特殊需求的用户，提升他们的服务体验与满意度。

（五）隐私保护：确保用户数据的安全与隐私，防止数据泄露，尊重和保护用户的个人信息，是公共服务的基础原则。

（六）透明度：明确公开服务的政策、条款和潜在风险，确保用户在充分了解的基础上能够做出知情且明智的决策。

（七）多选性：提供多种选择，以满足不同用户的需求。

（八）显明性：服务接触点的操作应简单易懂，降低用户操作门槛。

（九）兼容性：能够容纳不同年龄、生理状况、文化背景等差异，并兼顾特殊人群的心理感受。

这些特征共同构成了包容性服务的核心要求，旨在通过优化服务设计和流程，提升用户体验，减少因个体差异导致的不公平。

1.3 包容性服务设计

社会正义的原则要求服务设计必须深入细致地考虑残障群体的特殊需求，致力于提供全面且包容性的阅读服务。以公共图书馆为例，它们不仅要延续传统，提供盲文读物以满足视觉障碍者的阅读需求，还需紧跟时代步伐，利用先进的数字技术，开发出有声读物和大字版图书等多种形式的资源，以灵活应对不同残障群体的多样化阅读需求。此外，一些地区还积极推进无障碍阅读空间的改造项目，通过增设辅助设施和优化空间布局，为残障群体打造了一个更加舒适、便捷的阅读环境，让他们也能享受到阅读的乐趣和知识的滋养。

第二节　公平与平等：服务理念的核心

公平与平等作为服务理念的核心，是社会正义理念下开展一切服务活动的基石。这意味着在服务过程中，我们要坚持无差别地对待每一位用户，不因身份、地位或其他任何非服务相关因素而有所偏颇。我们要致力于创造一个公正、和谐的服务环境，确保每位用户都能享受到同等的服务质量和机会。通过践行公平与平等的服务理念，共同构建一个更加美好的服务生态，从而赢得用户的信任与尊重。

2.1 《马拉喀什条约》

《马拉喀什条约》全称为《关于为盲人、视力障碍者或其他印刷品阅读障碍者获得已出版作品提供便利的马拉喀什条约》，是世界知识产权组织（WIPO）于2013年6月27日在摩洛哥马拉喀什通过的一项国际版权条约。该条约于2016年9月30日正式生效，并于2022年5月5日对中国生效。

一、条约的背景与目标

全球每年出版的图书中，仅有1%到7%能够以无障碍格式提供给盲人和视力障碍者使用。《马拉喀什条约》旨在通过版权限制与例外，为阅读障碍者提供获得和利用作品的机会，从而保障其平等获取文化和教育的权利。它是目前国际上唯一一部版权领域的人权条约。

二、条约的主要内容

（一）受益人范围。受益人包括盲人、视力障碍者以及其他因残疾而无法有效阅读印刷品的人，例如因身体残疾无法持书或翻书的人。

（二）作品与无障碍格式。条约适用于以文字、符号和图示形式表现的文学艺术作品，无障碍格式版包括盲文版、大字号版和有声读物等。

（三）版权限制与例外。条约要求缔约方在其版权法中规定限制与例外，允许受益人和被授权实体将作品转换为无障碍格式，并允许无障碍格式版的跨境交换。

（四）被授权实体。这些实体可以是政府或非政府组织，它们在提供无障碍格式作品时需确保仅限于受益人使用。

2.2　实施《马拉喀什条约》的意义

《马拉喀什条约》制定的意义在于大大提升了残障群体的教育机会，无障碍格式的教育材料对于阅读障碍者而言，是获得教育机会和融入学习环境的关键所在。相关条约的制定与实施，有助于从根本上改善这一特殊群体的教育条件，拓宽他们的学习路径；促进残健融合和残障群体参与社会文化活动，通过有效改善阅读障碍者获取教育和休闲材料的途径，相关条约不仅为他们提供了更多元、更便捷的阅读选择，还极大地激发了他们参与社区文化生活的热情和积极性。这些条约的实施，使得阅读障碍者能够更轻松地融入社区，更深入地参与各类文化活动，从而促进了他们对社区文化生活更加积极和深入地参与；有效平衡版权与人权，条约深刻体现了版权保护与人权保护之间相辅相成的一致性，它巧妙地运用版权限制与例外的规定，精心平衡了版权人专有权利的保护与社会公共利益的需求。

《马拉喀什条约》在中国的正式生效和实施，标志着中国在残障权利保护领域迈出了重要的一步，取得了显著的进步。它不仅极大地便利了阅读障碍者获取书籍和信息，为他们提供了更加便捷和多样化的阅读机会，还有力地推动了国内相关法律体系的完善。这一举措进一步夯实了残障群体在阅读权和受教育权方面的法律保障，彰显了中国政府对残障人士权益的高度重视和积极作为。

2.3　残障群体的阅读权利

残障群体的阅读权利是其平等参与社会文化生活的重要体现，近年来，我国在保障残障群体阅读权利方面取得了显著进展，但仍面临一些挑战。

一、法律与政策保障

我国通过法律法规和政策,为残障群体的阅读权利提供保障。《中华人民共和国残疾人保障法》明确规定,政府应组织和扶持特殊教育教材、盲文有声读物及其他残疾人读物的编写和出版。此外,《马拉喀什条约》于 2022 年 5 月 5 日对中国生效,该条约旨在为阅读障碍者提供无障碍格式版作品,保障其平等获取文化和教育的权利。

二、无障碍阅读资源的开发

为满足残障群体的阅读需求,我国开发了多种无障碍阅读资源。

(一)特殊教育资源库。如滇西科技师范学院图书馆的特殊教育资源库,提供电子书、音视频、教学设计等多种资源,涵盖孤独症、智力障碍、脑瘫等类型。

(二)无障碍格式版作品。国家版权局出台《以无障碍方式向阅读障碍者提供作品暂行规定》,推动无障碍格式版作品的制作和传播。

(三)阅读书目推荐。爱阅公益基金会发布的《特殊儿童阅读书目》,为特殊儿童提供了涵盖不同类型、体裁和主题的 900 本(套)图书。

三、公共图书馆的服务

公共图书馆在保障残障群体阅读权利方面发挥着重要的作用。公共图书馆通过设立无障碍阅览室、提供盲文书籍、有声读物等,为残障群体提供便利。图书馆的"0 分贝阅读"项目。一些图书馆针对聋哑儿童设立"无声房间",并配备先进的磁感应回路系统,为他们创造安静的阅读环境。

四、社会支持与合作

社会各界也在积极推动残障群体的阅读服务。许多民间组织自发为障碍者提供阅读服务。如"金盲杖·光明之家"等机构,通过将纸质书转换为电子版或有声书等形式,为阅读障碍者提供无障碍格式版作品。开展志愿服务,通过"互联网+志愿服务"模式,组织志愿者为残障儿童提供多元化的阅读服务,帮助他们养成良好的阅读习惯。

五、心智障碍者的阅读需求

心智障碍者的阅读需求近年来也逐渐受到社会各界的广泛关注。专家们纷纷建议,应针对心智障碍者的特殊需求,开发一系列适合他们的阅读课程和读物,以更加贴近他们的认知水平和兴趣点，从而有效提升他们的阅读能力。同时，为了确保心智障碍者能够获得持续的阅读支持，家庭、学校、社区等多方力量应携手合作，共同为他们提供丰富多样的阅读资源和良好的阅读环境。

六、面临的挑战

尽管取得了一定进展，但残障群体的阅读权利保障仍面临一些挑战。首先是无障碍资源不足，全球每年出版的图书中，只有不到10%以无障碍格式版提供给阅读障碍者。专业支持不够是残障阅读服务中存在的另一个问题。心智障碍者的阅读训练需要专业教师和课程支持，但目前相关资源仍较为匮乏。

七、未来展望

未来，我国需要进一步完善法律和政策支持，加强无障碍阅读资源的开发与推广，提升公共图书馆和民间组织的服务能力，同时鼓励社会各界参与，共同推动残障群体阅读权利的实现。通过这些努力，残障群体的阅读权利将得到更充分的保障，助力他们更好地融入社会，提升生活幸福感。

2.4 公平服务的实现路径

实现公平服务可以从政策、技术、组织和社会等多个维度入手，具体的实现路径如下：

一、政策与制度保障

（一）完善法律法规和政策框架。明确公平服务的权利和义务，细化服务标准和流程，制定全面而具体的基本公共服务均等化发展规划。同时，建立科学合理的财政政策与转移支付体制，优化资源配置机制，确保公共资源能够更加精准、有效地向弱势群体和欠发达地区倾斜，促进社会公平与和谐发展。

（二）科学划分政府责任。明确中央与地方政府在公共服务供给中的具体职责划分，充分调动地方政府的积极性和主动性，使其能够根据本地实际情况灵活高效地提供公共服务。同时，充分发挥市场主体和社会主体的作用，鼓励社会资本参与公共服务项目，形成政府主导、市场运作、社会参与的公共服务供给格局。

（三）推动城乡公共服务一体化。通过政策的有效引导和资源的科学整合，我们致力于缩小城乡公共服务之间的差距，推动教育、医疗等关键公共服务领域实现共享。通过优化资源配置，确保城乡居民都能享受到高质量、均等化的公共服务，促进城乡协调发展。

二、技术赋能

（一）数字化与智能化。利用大数据、人工智能等前沿技术，我们可以实现资源的精准配置和高效利用，让每一份资源都能发挥出其最大的价值。例如，中国盲文出版社实施的"互联网+"行动计划，大力推广数字图书馆、掌上图书馆、微信公众号等数字化服务，为盲人朋友提供了越来越多的便利。

（二）信息化建设。建立统一的公共服务信息平台，将各类政府服务、社区资源、公益项目等整合于一体，实现信息的集中发布与共享，极大地方便了居民获取和使用所需服务，提高了服务效率和居民满意度。

三、组织与管理优化

（一）提升组织能力。加强政府与社会的紧密合作，建立多主体协同参与的机制，充分发挥政府、社会组织、企业及个人等各方优势，共同提升公共服务的供给能力和效率，确保公共服务更加高效、便捷地惠及广大民众。

（二）优化服务流程。简化办事程序，削减繁琐环节，减少不必要的证明材料要求，通过优化服务流程和提高办事效率，切实增强服务的便捷性和可及性，让群众办事更加轻松、快捷。

四、社会参与与人才培养

（一）多元主体参与。鼓励社会组织、企业等多元主体积极参与公共服务供给，充分发挥其专业优势和创新能力，与政府形成互补合力。在政府主导下，市场运作机制得以灵活运用，社会参与热情得到充分激发，共同构建起政府主导、市场运作、社会参与的多元化公共服务供给机制。

（二）人才培养与引进。加强公共服务人才的培养体系，积极鼓励高校根据社会需求开设相关专业课程，以培养更多具备专业技能和服务意识的公共服务人才。同时，通过制定优惠政策和完善职业发展路径，吸引并激励这些专业人才到基层一线工作，以提升公共服务的整体水平。

五、环境与意识提升

（一）优化发展环境。通过广泛的宣传活动和深入的教育引导，有效提高公民对各类公共服务的认知度和实际参与度。宣传旨在让更多公民了解公共服务的种类、功能及申请流程，而教育则侧重于培养公民积极参与公共服务的意识和能力，从而推动公共服务的普及和优化。

（二）提升公民素养。开展针对性的数字技术培训活动，旨在全面提升公民的数字素养，特别是加强对弱势群体的数字能力提升。这些培训不仅涵盖基础的数字设备操作技能，如电脑、智能手机和平板电脑的使用，还深入到互联网搜索、在线学习资源的利用以及数字安全保护等方面。通过这样的培训，弱势群体能够更好地适应数字化时代，缩小数字鸿沟，享受数字技术带来的便利与机遇。

通过以上多维度的路径和策略，我们可以有效推动公平服务的全面实现，确保每个社会成员都能享受到均等、优质的公共服务。这不仅有助于促进社会的公平正义，让每个人都能在同一起跑线上追求自己的梦想，还为社会的可持续发展奠定了坚实基础，推动社会和谐稳定地向前发展。

第三节　社会正义与图书馆服务的伦理考量

3.1　社会正义理论的核心维度与图书馆服务适配性

社会正义理论的核心维度包括经济正义、政治正义、狭义社会正义、生态正义和文化正义。这些维度共同构成了一个有机的统一体，反映了社会正义的全面性和系统性。在图书馆的适配性方面，社会正义理论为图书馆服务提供了重要的理论基础和实践指导，具体适配性体现在以下几个方面：

一、经济正义与图书馆资源分配

经济正义强调资源的合理分配，是社会正义的基础。在图书馆领域，经济正义体现为资源的公平配置，包括资金投入、馆藏资源和服务设施的合理布局。公共图书馆需要确保不同地区、不同经济水平的群体都能获得基本的图书馆服务。例如，通过优化资源配置，缩小城乡之间、区域之间的图书馆服务差距，保障弱势群体能够平等地获取知识资源。

二、政治正义与图书馆服务的制度保障

政治正义是社会正义的方向和保障，强调通过制度设计实现公平。图书馆作为公共文化服务机构，需要通过制度建设来保障服务的公平性和非歧视性。例如，制定公平的借阅规则、开放的服务时间、无障碍的服务设施等，确保所有公民都能平等地享受图书馆服务。

三、狭义社会正义与图书馆服务的公平性

狭义社会正义是社会正义的表征和归宿，关注社会成员之间的公平待遇。在图书馆服务中，这体现为服务过程的公平性，即读者在接受服务时得到平等对待。图书馆需要关注不同群体的特殊需求，如为残障人士提供无障碍服务、为老年人提供适老化服务、为儿童提供适合其认知水平的服务等。

四、生态正义与图书馆的可持续发展

生态正义强调人类活动与自然环境的和谐共生。在图书馆领域，生态正义可以理解为图书馆在服务过程中对环境的友好性，例如采用环保材料、推广电子资源、减少纸张浪费等。此外，图书馆还可以通过举办环保主题的活动，提升公众的生态意识。

五、文化正义与图书馆的文化包容性

文化正义是社会正义的内化和灵魂，强调文化的多样性和包容性。图书馆作为文化传播的重要场所，需要提供多元化的文化资源，满足不同文化背景读者的需求。例如，图书馆可以收藏多语种图书、举办多元文化活动、推广地方文化等，促进文化的交流与融合。

六、图书馆服务公平性的评价与实践

图书馆服务公平性的评价可以从覆盖率和包容度两个维度入手。覆盖率强调服务人口的广泛性，包容度则关注服务对象的非歧视性。此外，图书馆还需要关注服务过程的公平性，即在服务过程中根据不同读者的需求提供差异化的服务。

总　结

社会正义理论为图书馆服务提供了全面的理论框架，从经济、政治、社会、生态和文化等多个维度指导图书馆实现服务的公平性。图书馆通过优化资源配置、完善制度建设、关注特殊群体需求、推广环保理念和促进文化包容，能够更好地实现社会正义的目标。

3.2　社会正义理念对图书馆服务的指导意义

社会正义理念是现代公共服务领域的重要价值导向，它强调资源分配的公平性、机会的均等性以及社会成员的平等权利。将社会正义理念引入图书馆服务，具有重要的理论和实践指导意义。

一、确保服务的公平性与包容性

社会正义的核心是公平与包容，图书馆作为公共文化服务机构，应当确保所有社会成员都能平等地享受服务，无论其性别、年龄、种族、经济状况、教育背景或身体能力。指导意义：

（一）消除服务歧视。图书馆需要制定明确的政策，确保服务对所有用户开放，避免因身份、背景等因素而产生歧视。例如，为残障人士提供无障碍设施和服务，为低收入群体提供免费或低成本的借阅服务。

（二）满足多元需求。图书馆应关注不同群体的特殊需求，提供差异化的服务。比如，为老年人提供大字版图书，为儿童提供趣味阅读活动，为移民或少数族裔提供多语种资源。

二、促进知识资源的公平分配

社会正义理念强调资源分配的公平性，图书馆作为知识资源的重要载体，应致力于缩小不同地区、不同群体之间的知识差距。指导意义：

（一）优化资源布局。合理分配图书馆资源，确保偏远地区和弱势群体也能获得足够的知识资源。例如，通过流动图书馆、数字图书馆等方式，将优质资源延伸到资源匮乏的地区。

（二）提升服务可及性。通过延长开放时间、优化服务流程、提供线上服务等方式，降低用户获取知识的门槛。

三、推动社会公平与教育平等

社会正义理念关注社会成员的机会均等，图书馆可以通过提供教育资源和服务，帮助不同背景的人群提升自身能力，缩小社会差距。指导意义：

（一）提供教育支持。图书馆作为知识的宝库，不仅可以提供丰富的书籍资源，还可以免费为用户提供一系列教育资源。这些资源包括但不限于职业培训材料，帮助用户提升职业技能，增强就业竞争力；学术讲座，邀请各领域专家分享前沿知识，拓宽用户视野；以及在线课程，涵盖多个学科领域，让用户随时随地都能学习新知识，提升个人知识水平。通过这些免费的教育资源，图书馆致力于助力用户成长，促进终身学习理念的普及。

（二）助力弱势群体。为弱势群体提供更为专门和贴心的服务与支持，例如，为贫困学生提供一对一的学习辅导，帮助他们克服学习上的困难，提高学习成绩；同时，为失业者提供全面的就业指导，包括职业规划、技能培训、岗位推荐等，助力他们尽快找到合适的工作，实现自我价值。这些举措有助于促进社会的教育公平和就业公平，让弱势群体也能享受到均等的发展机会。

四、增强社会凝聚力与文化包容性

社会正义理念深植于构建和谐与包容社会的基石之中，它倡导尊重差异、促进平等。图书馆作为知识与文化的汇聚地，可以通过提供丰富多元的文化资源，如多语种书籍、跨文化研究资料等，满足不同群体对多元文化的需求。同时，图书馆还应积极举办各类文化交流活动，搭建不同背景人群之间的沟通桥梁，增进相互理解和尊重，从而促进不同群体之间的融合与共生，共同构建一个更加和谐包容的社会。

（一）推广多元文化。图书馆应当广泛收藏多语种图书，涵盖不同国家和地区的文学作品、学术著作等，以丰富读者的阅读选择。同时，注重收集和整理地方文化资源，如地方志、民俗故事、特色艺术等，以传承和弘扬本土文化。此外，还应积极搜集不同文化背景的文献，如海外华人的著作、国际交流资料等，以促进文化的多元融合。图书馆还应定期举办多元文化主题活动，如文化讲座、展览、读书会等，为读者提供交流互动的平台，增进不同文化之间的了解和尊重，促进文化的交流与包容。

（二）营造公共空间。图书馆作为开放的公共空间，不仅承载着知识的传递与文化的传承，更应致力于为不同背景、不同需求的用户提供交流与互动的机会。通过组织多样化的活动，如读书分享会、文化沙龙、主题讲座等，图书馆能够搭建起一个平等、包容的交流平台，让来自各行各业、拥有不同观点和经历的人们在此相聚，增进彼此的了解与理解，从而增强社会的凝聚力，促进社会的和谐与进步。

五、实现服务过程的公平与透明

社会正义不仅仅关注最终结果的公平，同样也非常强调过程之中的公平性。图书馆作为公共服务机构，在服务过程中必须切实保障每一位用户的平等权利，无论其背景、身份如何，都应享受到一视同仁的服务。同时，图书馆还需确保服务的透明性和公正性，让服务流程公开透明，让用户清晰了解服务标准和操作流程，从而真正体现社会正义的精神。

（一）优化服务流程。简化借阅手续，优化服务流程，确保每一位用户都能享受到公平、透明且高效的服务体验。无论用户背景如何，都能轻松完成借阅操作，感受图书馆的便捷与公正。

（二）用户参与和反馈。建立有效的用户反馈机制，积极鼓励用户参与图书馆的决策过程和服务改进工作。通过收集用户的意见和建议，及时了解用户需求和期望，确保图书馆的服务能够真正贴近用户，满足用户的多元化需求。

六、推动图书馆的可持续发展

社会正义理念中的生态正义强调可持续发展，图书馆可以通过环保措施和资源优化，实现自身的可持续发展，同时为社会的可持续发展贡献力量。指导意义：

（一）推广数字资源。减少纸张使用，积极推广电子图书、在线数据库等丰富多样的数字资源，鼓励读者采用数字化阅读方式，有效降低图书馆运营对环境的影响，共同促进绿色、可持续的阅读环境。

（二）参与社区发展。通过与社区紧密合作，共同举办环保主题活动、社区教育讲座等多样化活动，增强社区居民的环保意识和参与度，促进社区环境的持续改善，同时丰富社区居民的文化生活，推动社区的可持续发展进程。

总　结

社会正义理念对图书馆服务具有深远影响。社会正义理念为图书馆服务提供了全面的指导框架，从公平性、包容性、资源分配、教育支持、文化包容到可持续发展等多个方面，推动图书馆从传统的信息提供者向现代公共文化服务体系领导者转变。通过践行社会正义理念，图书馆不仅能够提升自身的服务质量和影响力，还能在促进社会公平、推动文化传承和增强社会凝聚力等方面发挥重要作用。这种理念的实践，不仅有助于图书馆更好地履行社会责任，也使其成为推动社会进步的重要力量。

3.3　服务中的伦理困境与应对策略

在图书馆服务中，伦理困境是一个复杂且多维度的问题，涉及信息伦理、隐私保护、知识产权、资源分配等多个方面。以下是基于最新研究和实践总结的图书馆服务中的主要伦理困境及应对策略：

一、信息伦理与真实性困境

随着信息技术的发展，图书馆在信息采集、组织和传播过程中面临诸多伦理挑战。例如，信息来源的合法性、信息的真实性核验以及信息服务中的主观偏见等问题，都可能影响服务的质量和公正性。此外，在微服务体系下，伪信息和劣质信息的混杂进一步加大了信息甄别的难度。

应对策略：首先，加强信息伦理教育至关重要。这不仅意味着要在日常培训中增加信息伦理的相关内容，提升图书馆馆员对于信息使用的道德边界和法律规定的认知，还要通过举办讲座、研讨会等形式，普及信息伦理知识，增强用户的信息伦理意识。让用户明白，在获取、使用和传播信息时，应遵守一定的道德准则，尊重知识产权，不传播虚假信息。其次，建立严格的审核机制是保障信息质量的关键。图书馆应设立专门的信息审核小组，对所有入库的信息资源进行严格的筛选和审查，确保每一条信息的来源都是合法且真实的。同时，还应定期对已入库的信息进行复查，及时发现并清除任何违法或虚假的信息，从而维护一个健康、真实的信息环境。

二、用户隐私保护困境

在数字化服务环境中,用户隐私保护成为重要伦理问题。图书馆在提供服务时,可能会无意中泄露用户的个人信息,如借阅记录、咨询内容等。此外,新兴技术如大数据和人工智能的应用,也可能导致隐私风险的增加。

应对策略:首先,建立健全的隐私保护政策是基础。该政策应详细阐述在用户信息收集、存储和使用过程中的具体规范,确保每一步操作都有明确的指导和限制。政策中应明确指出哪些信息是必要的收集内容,信息的收集方式需遵循最小必要原则,即只收集提供服务所必需的信息。同时,存储和使用信息时也应采取严格的安全措施,防止信息被滥用或泄露。其次,政策还应明确用户的权利,如信息访问权、更正权和删除权等,确保用户在信息保护方面拥有充分的知情权和控制权。其次,加强技术防护措施是防止用户信息泄露的重要手段。图书馆应采用先进的加密技术,对存储的用户信息进行加密处理,确保即使数据被盗,也无法被轻易解密。同时,还应建立防火墙和入侵检测系统,实时监测和防御外部攻击,防止黑客通过技术手段窃取用户信息。此外,定期对系统进行安全漏洞扫描和更新,及时修补潜在的安全隐患,也是保障用户信息安全不可或缺的一环。

三、知识产权保护困境

图书馆在提供数字资源和信息服务时,需要平衡知识产权保护与公众的知识获取权。例如,电子资源的合法授权、开放获取资源的推广以及用户对版权内容的合理使用等,都是当前图书馆面临的伦理挑战。

应对策略:首先,加强版权教育,是提升用户和馆员版权意识的重要途径。这包括定期举办版权知识讲座和研讨会,向用户和馆员普及版权法的基本知识和最新动态,让他们深刻认识到尊重和保护版权的重要性。同时,通过案例分析,展示侵犯版权的严重后果,增强大家的法律意识,促使他们在日常工作中自觉遵守版权规定。优化资源管理,旨在确保所有资源的合法使用。图书馆应建立完善的资源审核机制,对所有入库的资源进行严格的版权审查,确保资源的来源合法、内容健康。其次,还应加强资源的分类管理和标识工作,方便用户和馆员快速准确地找到所需资源,同时避免误用或滥用版权受保护的内容。通过优化资源管理，图书馆能够为用户和馆员提供一个合法、安全、便捷的资源使用环境。

四、资源分配与公平性困境

图书馆在资源分配和服务提供中，需要考虑不同群体的需求差异，避免资源分配不均或服务歧视。例如，公共图书馆免费服务可能导致资源紧张与需求不匹配的矛盾。此外，智慧图书馆服务中的数据伦理悖论也反映了资源分配不均的问题。

应对策略：首先，优化资源配置，旨在确保图书馆服务的公平性和包容性。这要求图书馆在资源分配时，充分考虑不同用户群体的需求，确保每个人都能平等地获取所需资源。通过合理调整资源的种类、数量和布局，图书馆可以最大限度地满足不同用户的阅读和学习需求，营造出一个公平、开放、包容的服务环境。其次，针对不同群体的需求，图书馆应提供差异化的服务。例如，对于儿童群体，可以设置专门的儿童阅读区和丰富的儿童读物，举办寓教于乐的活动；对于老年群体，可以提供大字版书籍、舒适的阅读座椅以及便捷的借阅服务等。通过差异化的服务策略，图书馆能够更好地满足不同用户群体的特殊需求，提升他们的阅读体验和学习效果。

五、数据治理与伦理风险

在智慧图书馆和数据驱动的服务模式下，数据治理中的伦理问题日益凸显。例如，数据隐私保护、数据资源分配不均以及数据技术应用中的伦理责任缺失等，都可能引发新的伦理风险。

应对策略：首先，构建数据伦理框架，旨在全面规范数据采集、管理和应用的全过程。这一框架应明确界定数据使用的道德边界，确保数据的收集合法合规，管理科学严谨，应用公正透明。通过制定详细的数据操作指南和伦理准则，图书馆能够确保数据处理活动在尊重用户隐私、保护数据安全的前提下进行，有效避免数据滥用和隐私泄露的风险。其次，加强数据伦理教育，是提升馆员和用户数据伦理意识的关键。通过定期举办数据伦理培训、研讨会等活动，图书馆可以向馆员普及数据伦理知识，增强他们对数据保护重要性的认识。同时，通过向用户宣传数据伦理理念，引导他们在使用图书馆服务时，自觉遵守数据使用规定，共同维护一个健康、安全的数据环境。

总　　结

图书馆服务中的伦理困境是一个复杂且动态的领域，它随着技术的不断进步和社会需求的多元化而持续演化。这些挑战不仅源自技术层面的数据隐私、信息安全等问题，还涉及社会层面的公平获取、知识产权保护等议题。面对这些多维度的挑战，图书馆作为知识与信息的集散地，承担着维护伦理秩序、保障用户权益的重要职责。为了有效应对这些伦理困境，图书馆需要从制度建设、技术防护、伦理教育等多个维度综合施策。制度建设方面，图书馆应建立健全的伦理规范体系，明确数据采集、存储、使用的标准和流程，确保服务的合法性和合规性。技术防护层面，图书馆需加强信息安全技术的研发与应用，提升系统的防御能力，防止数据泄露和滥用。与此同时，伦理教育也是不可或缺的一环。通过加强馆员和用户的伦理意识培养，图书馆可以引导大家自觉遵守伦理规范，共同营造一个公平、诚信的服务环境。这不仅有助于提升图书馆的社会公信力，还能在促进知识传播的同时，更好地履行其社会责任，为社会的和谐发展和文化的繁荣进步贡献力量。

3.4　联合国《残疾人权利公约》(CRPD)的图书馆实践解读

联合国《残疾人权利公约》(CRPD)为图书馆服务残疾人提供了重要的理论依据和实践指导。以下是对其在图书馆实践中的解读：

一、平等与非歧视原则

《残疾人权利公约》强调所有人在法律面前一律平等，残疾人不应因残疾而受到任何歧视。图书馆在实践中应确保残疾人能够平等地获取信息资源和服务。例如，图书馆需要提供无障碍设施和服务，如无障碍通道、盲文书籍、有声读物等，以满足不同残疾人的需求。

二、无障碍原则

无障碍是《残疾人权利公约》的核心原则之一，要求消除一切障碍，使残疾人能够全面参与社会生活。在图书馆实践中，无障碍不仅包括物理空间的无障碍（如无障碍通道、低位服务台等），还涉及信息无障碍（如提供多种格式的文献资源）和服务无障碍（如提供手语服务、辅助设备等）。

三、参与和包容原则

《公约》强调残疾人应有机会全面参与社会生活。图书馆可以通过以下方式促进残疾人的参与和包容：

（一）提供多样化的资源，涵盖盲文书籍、有声读物以及大字版书籍等多种形式，以满足不同残障人士在阅读方面的个性化需求。

（二）举办丰富多彩的活动，精心组织适合残疾人的各类文化活动、专题讲座和技能培训，旨在激发他们的兴趣与潜能，鼓励他们走出家门，积极参与社会生活。

（三）加强社区间合作，主动与各类残疾人组织建立紧密联系，深入了解他们的实际需求与期望，并根据反馈意见及时调整和优化服务内容与方式。

四、提升残疾人信息能力

图书馆可以通过提供针对性的信息技能培训，帮助残疾人有效提升信息素养和增强就业竞争力。例如，开展基础的计算机操作技能培训，使他们能够熟练掌握电脑的基本使用；同时，进行信息检索与利用的培训，教会他们如何高效地在图书馆和网络中查找所需资源，从而更好地利用图书和信息资源来丰富自我、提升技能，增强其在现代社会中的生存力。

五、消除刻板印象和偏见

《公约》明确要求社会各界共同努力，消除长久以来对残疾人的刻板印象和偏见。图书馆作为文化与知识传播的重要场所，可以通过一系列宣传和教育活动，有效提升公众对残疾人士的理解和尊重。例如，图书馆可以定期举办以残疾人为主题的展览，展示他们的艺术作品、生活日常以及奋斗历程；同时，邀请残疾人分享他们的成功案例和励志故事，让公众近距离感受他们的才华与坚韧，从而逐步改变社会对残疾人的刻板印象，营造更加包容和谐的社会氛围。

六、国际合作与资源共享

《公约》鼓励各国在残疾人权利保护领域开展积极、广泛的国际合作，共同推动残疾人福祉的提升。图书馆作为服务残疾人的重要机构，可以充分利用国际资源，积极引进先进的无障碍技术和成功经验，不断丰富和完善自身的服务内容与服务方式，从而提升整体服务水平，为残疾人提供更加贴心和高效的服务。

七、独立监测与反馈机制

《公约》明确要求各国建立独立的监测机制,以确保其各项规定得到有效实施与监督。在此框架下,图书馆可以主动设立多样化的反馈渠道,如意见箱、在线调查问卷和定期座谈会等,积极收集残疾人对图书馆各项服务的意见和建议。通过认真倾听残疾人的声音,图书馆能够及时发现服务中的不足与短板,并在此基础上不断改进和优化服务,确保能够更好地满足残疾人的需求。

综上所述,联合国《残疾人权利公约》为图书馆在服务残疾人方面指明了清晰的方向,并提出了具体的要求。图书馆应当积极响应并深入落实《公约》的精神与原则,通过全面提供无障碍设施、精心准备多样化资源以及贴心周到的服务,切实促进残疾人在社会生活中的平等参与和全面发展,使他们能够充分享受阅读带来的乐趣与知识滋养。

第四节 从"无障碍"到"可及性":服务理念的转变

从"无障碍"到"可及性",图书馆服务理念的转变反映了对残疾人和特殊需求群体服务的深化与拓展。这一转变不仅是服务方式的调整,更是对《残疾人权利公约》精神的践行,体现了从单一的设施无障碍向全面服务可及性的提升。"无障碍"主要关注物理环境的无障碍设计,如无障碍通道、无障碍卫生间等,而"可及性"则更强调服务的全面性和包容性,不仅包括物理空间的无障碍,还涵盖了信息、技术、资源和服务的无障碍。这种转变体现了从"以设施为中心"到"以用户为中心"的服务理念升级。

4.1 无障碍服务的局限性

无障碍服务给残疾人的生活、学习诸多方面带来许多方便,同时仍具有很大的局限性。

一、设施与技术的局限性

（一）设施建设不完善。部分图书馆的无障碍设施在建设与管理过程中，暴露出设计不合理、施工不规范以及后期维护不到位等一系列问题。具体而言，设计上的不合理往往体现在未能充分考虑到残障人士的实际需求，导致设施使用不便。施工不规范则使得设施质量参差不齐，存在安全隐患。至于后期维护的不到位，更是加剧了无障碍设施功能的退化。例如，盲道被随意占用，导致视障人士行走困难；盲文标识因长期使用而磨损严重，难以辨认；语音系统播报延迟，信息传达不及时，给听障人士带来诸多不便。这些问题不仅影响了无障碍设施的正常使用，也损害了图书馆作为公共服务场所的形象。

（二）技术更新滞后。无障碍服务的技术支持存在明显不足，特别是在数字资源和信息无障碍领域表现得尤为突出。许多图书馆的官方网站和数字服务平台在设计时缺乏足够的兼容性考虑，难以全面满足视障群体、听障人士以及其他有特殊需求的用户。这些平台往往未能采用先进的无障碍技术，如屏幕阅读器兼容、语音导航以及高对比度显示等，导致特殊用户在使用时遇到重重障碍，无法顺畅地获取所需信息和服务。

区域差异显著：经济发达地区的图书馆无障碍环境建设相对完善，而经济欠发达地区则存在设备配置不足、无障碍设施匮乏等问题。

二、资源与服务的局限性

（一）资源匮乏。视障群体的阅读资源相对有限，尤其是盲文读物、大字读物和无障碍视听作品等资源，在更新速度和形式上均存在明显不足。这些资源往往更新不及时，难以满足视障人士对新鲜信息的需求。同时，资源的形式也相对单一，缺乏多样性和创新性。此外，在数字资源的获取方面，视障群体还面临着法律和数字素养的双重限制。一方面，版权法律对数字资源的传播和使用有着严格的规定，使得视障人士在获取某些数字资源时面临法律障碍；另一方面，部分视障人士由于数字素养有限，难以有效地利用现有的数字资源获取渠道。

（二）服务内容单一。图书馆为视障群体提供的服务大多集中于馆藏借阅、信息查询等传统基础服务上，而在技能培训、心理咨询等个性化服务方面则显得较为匮乏。这些基础服务虽然在一定程度上满足了视障人士的基本阅读和信息获取需求，但在促进其全面发展、提升生活质量方面尚有不足。

（三）宣传不足。无障碍服务的宣传力度不够充分，这在一定程度上导致了视障群体对图书馆丰富资源和贴心服务的认知度相对较低。

三、政策与执行的局限性

（一）法律执行不足。尽管国家已经出台了《中华人民共和国残疾人保障法》和《信息无障碍条例》等相关法律法规，旨在保障残疾人的合法权益和促进信息无障碍环境建设，但在实际执行过程中，仍存在着监管不足、缺乏有效审计机制等关键问题。这些问题导致法律法规的落实效果大打折扣，未能充分满足残疾人士的实际需求。

（二）标准不完善。信息无障碍领域的标准建设依然不够完善，尤为突出的是缺乏具有强制性的国家标准。现有的相关标准，虽然在一定程度上填补了空白，但其效力和覆盖范围相对有限，难以全面指导和规范信息无障碍环境的建设与发展。

四、社会认知与资源投入的局限性

（一）社会关注度低。视障群体的社会参与度相对较低，这在一定程度上导致他们的特殊需求在图书馆服务的设计与实施过程中常常被忽视，未能得到充分的关注和满足。

（二）资金与人才不足。无障碍服务的建设和维护是一个长期且复杂的过程，需要持续的资金投入和专业的人才支持。然而，许多图书馆在实际操作中面临着经费不足和人才短缺的双重问题。资金的匮乏限制了无障碍设施的建设和维护，而专业人才的缺失则影响了服务的质量和效果。

五、数字鸿沟与技术适应性问题

（一）数字素养不足。视障群体的数字素养和技能水平相对较低，这使得他们在利用数字资源时面临诸多困难，从而进一步加剧了与其他群体之间的"数字鸿沟"。

（二）技术适应性差。现有的无障碍技术和服务模式难以完全适应快速发展的数字环境，尤其是在人工智能和大数据等新兴技术领域的应用仍显不充分。这些先进技术虽为无障碍服务提供了新的可能，但尚未被充分挖掘和有效利用。例如人工智能和大数据等新兴技术在无障碍服务中的应用仍不充分。

4.2 可及性服务的内涵与实践

一、可及性服务的内涵

可及性服务是指服务对象能够方便、高效地获取所需服务的难易程度,其核心在于服务的公平性、便利性和有效性。可及性服务的内涵可以从以下几个方面进行理解:

(一)空间可及性。指服务设施的地理位置是否便于服务对象使用。服务设施的地理位置是否便于服务对象使用,是一个至关重要的考量因素。例如,公共服务设施应当布局合理,确保服务对象能够便捷地到达,从而有效减少他们的时间和交通成本,提升服务效率和满意度。

(二)内容可及性。指服务内容是否全面且精准地满足服务对象的实际需求,这涵盖了服务的种类是否丰富多样、服务的质量是否达标以及服务的针对性是否强等多个方面。

(三)资源可及性。指服务资源的分配是否均衡合理,能否有效覆盖并满足不同区域、不同社会群体的多样化需求。

(四)制度可及性。指服务的制度设计是否科学合理且具备可持续性,能否有效保障服务的长期稳定供给,确保服务质量和效率的持续提升。

二、可及性理念在图书馆实践中的体现

(一)设施与环境的可及性。图书馆通过建设无障碍通道、设置低矮服务台、配备无障碍电梯等设施,为残疾人提供便利。此外,图书馆还通过优化周边环境,如设置盲道、配备无障碍停车场等,减少特殊需求读者的入馆阻力。

(二)信息资源的可及性。图书馆在数字资源和服务中引入无障碍设计,如兼容读屏软件的网页设计、语音导航功能、图片链接的文字说明等。这些措施确保了视障人士等特殊群体能够无障碍地获取信息。

(三)服务的可及性。图书馆通过提供个性化服务,如面对面朗读服务、代查代检服务等,满足特殊需求读者的多样化需求。同时,图书馆还通过问卷调查、大数据分析等方式,精准了解特殊需求读者的偏好和需求,提供更具针对性的服务。

三、可及性服务的实际案例

（一）现实案例解析

辽宁省残联"家门口的图书馆"项目。案例背景：辽宁省沈阳市残联针对盲人阅读需求，推进全民阅读活动向基层延伸，着力打造盲人"家门口的图书馆"项目。实施策略：辽宁省沈阳市残疾人联合会充分利用中国盲文图书馆沈阳分馆的丰富图书资源，积极在盲人居住相对集中的地区拓展服务范围，于社区残协、温馨家园以及康复机构等场所设立服务点，为盲人朋友提供更加便捷、贴心的阅读和服务体验。通过"点餐"形式，按照盲人开具的书单，精心挑选盲文书、大字版杂志以及有声读物等，投放到各个阅读空间以满足他们的个性化阅读需求，并对定期对阅读空间中的图书进行持续更新，确保盲人朋友能够及时阅读到最新、最优质的书刊。成效亮点：截至目前，共投放了1 000余册盲文书、大字版杂志以及1 000册其他书籍刊物和有声读物，让盲人朋友真正实现了就近阅读。该项目不仅为盲人带来了阅读的便利和乐趣，更传递了平等参与的理念以及社会的关爱与支持。

（二）图书馆可及性服务的优化策略

1. 优化空间布局：将图书馆的服务点进一步拓展至社区中心、学校校园等更多场所，让读者在家门口或学校附近就能轻松享受到图书馆提供的各项服务，从而大大减少获取服务所需的时间成本和交通成本，提升残障人士获取服务的便捷性和可及性。设计并完善无障碍设施，如增设坡道、电梯、无障碍卫生间等，确保特殊群体，包括残障人士、老年人等，能够毫无障碍、方便地进入图书馆，并轻松使用图书馆内的各项资源和服务。

2. 丰富服务内容：提供多元化、丰富的资源和服务，如盲文书籍、有声读物、电子期刊以及线上讲座等，以满足不同用户群体的多样化需求。同时，我们积极开展个性化服务，如为视障群体提供专业的朗读服务，让他们也能享受阅读的乐趣；为老年人提供贴心的技术培训，帮助他们跨越数字鸿沟，更好地融入现代生活。

3. 均衡资源配置：加强数字资源建设力度，不断优化和丰富数字资源库，确保城乡、区域之间的数字资源分配相对均衡，让更多人享受到便捷的数字服务。积极推动馆际合作与交流，实现资源共享和服务协同，通过合作提升整体资源的可及性和利用率,满足更广泛用户的需求。

4. 完善制度保障:制定详尽的可及性服务标准,明确服务的具体内容、质量要求和操作流程,确保服务规范、高效。同时,建立完善的用户反馈机制,积极收集用户意见和建议,及时调整服务策略和优化服务流程,确保服务的长期稳定供给,满足用户的持续需求。

通过上述一系列切实有效的措施,图书馆能够显著提升服务的可及性,确保各类用户群体都能便捷地获取所需资源。无论是城市还是乡村,无论是年轻人还是老年人,无论是健全人还是残疾人,都能在图书馆找到适合自己的服务方式。这不仅满足了不同用户群体的多样化需求,也进一步促进了公共文化服务的均等化和公平性,让文化成果惠及更广泛的人民群众。

4.3 可及性服务的政策与标准支持

政策和法规是推动图书馆无障碍服务向可及性服务转变的重要保障。政府应制定无障碍服务标准,规范图书馆的服务质量,并通过监管机制确保标准的落实。例如,日本通过制定国家层面的质量标准框架,推动公共图书馆无障碍环境建设。图书馆通过宣传活动,提升社会对特殊需求读者的关注,营造包容性的社会氛围。例如,通过与社会福利部门合作、举办手语交流活动等方式,增强社会对无障碍服务的认同感。从"无障碍"到"可及性"的转变是图书馆服务理念的必然趋势。未来,图书馆应继续深化可及性服务,加强技术研发,优化服务流程,并通过国际合作和经验分享,不断提升服务质量和用户体验。

总之,从"无障碍"到"可及性"这一理念转变不仅是图书馆服务的升级,更是对残疾人权利的尊重和保障,体现了社会文明的进步。

第四章
基于社会正义的残障阅读服务制度构建

　　基于社会正义的残障阅读服务制度构建,是一项系统工程,需要从多个维度和层面进行深入推进。首先,政策保障是基石,需要政府出台和完善相关政策法规,为残障阅读服务提供坚实的法律支撑,确保残障群体的阅读权益得到切实维护。其次,环境建设是关键,要加强公共图书馆、社区书屋等阅读场所的无障碍改造,配备必要的辅助设备和工具,为残障人士创造便利的阅读环境。同时,资源供给也不可忽视,要丰富残障阅读资源的种类和形式,包括盲文书籍、有声读物、电子图书等,满足不同残障群体的多样化需求。最后,社会参与是动力,要鼓励和引导社会各界力量积极参与残障阅读服务,形成政府主导、社会参与的良好氛围,共同努力实现残障群体平等获取知识和文化资源的目标。

第一节　政策保障与法规完善

1.1　国际残障服务政策

　　以下是部分国家、地区及组织针对残障群体所制定和实施的一系列服务政策:这些政策旨在保障残障人士的合法权益,提升他们的生活质量,并确保他们能够平等地参与社会生活。通过提供教育、就业、医疗、交通等多方面的支持和服务，这些国家、地区及组织正努力为残障群体创造一个更加包容和无障碍的环境。

一、美国

《美国残疾人法案》（ADA）禁止在就业、教育、交通等公共领域对残障人士进行任何形式的歧视，明确要求所有雇主、学校以及公共交通服务提供者必须秉持平等、公正的原则，为残障人士提供合理且必要的便利措施。这包括但不限于提供无障碍设施、调整工作环境或学习方式以及提供个性化的辅助服务等，以确保残障人士能够享有与其他人同等的权利和机会，平等地参与社会生活。同时，就业保护方面，通过制定强制性的配额制度和严格的反歧视法律，确保残障人士在就业市场中能够获得与其他求职者平等的竞争机会。这些措施旨在消除就业领域中的偏见和障碍，促进残障人士的就业权益，使他们能够在适合自己的岗位上发挥才能，实现自我价值。

二、欧盟

《欧洲无障碍法案》（EAA）旨在全面消除残障人士在银行服务、电子商务交易、电信通信以及城市交通等关键生活领域所面临的种种障碍，通过政策引导和技术创新，不断优化服务流程，提升无障碍设施水平。同时，积极推动跨境无障碍标准的统一与衔接，促进国际无障碍环境的互认与共享，为残障人士创造更加便捷、友好的生活环境。公共信息无障碍方面，明确要求所有公共网站和移动应用必须对残障人士全面开放，确保他们能够无障碍地获取和使用相关信息和服务。这一要求类似于美国《美国人残疾法案》（ADA）的第二章内容，强调了在信息技术领域为残障人士提供平等访问机会的重要性，致力于打造一个包容、无障碍的数字环境。

三、日本

日本的《残疾人基本法》作为残障政策的框架性法律，该法明确强调了残障人士享有与其他人同等的全面人权，并着力促进他们在社会各个层面的积极参与和融入，确保残障人士能够平等地享有教育、就业、文化、政治等各方面的权利，真正实现社会共融与共同发展。另外，《消除残疾人歧视法》明确规定，公共和私人部门均须采取合理的调整措施，以确保残障人士能够平等地参与和享受各项服务，同时严格禁止任何形式的歧视行为，切实保障残障人士的合法权益。同时，就业配额制度规定，企业必须按照一定比例雇佣残障人士，以确保残障群体在就业市场中的平等参与。若企业未能达到这一比例要求，则需依法缴纳相应的罚款，以此作为对未履行社会责任的惩戒，促使企业更加重视和支持残障人士的就业。

四、澳大利亚

澳大利亚的《残疾人歧视法》（DDA）明确禁止在就业、教育、交通等关键领域对残障人士进行任何形式的歧视，旨在保障残障人士的平等权益。该法同时提供了详细的无障碍标准，以确保残障人士能够无障碍地享受公共服务。这些无障碍标准涵盖了公共交通和教育领域，具体规定了相应的合规要求，比如提供无障碍设施、调整服务流程等，从而确保残障人士能够平等、便捷地使用各种公共服务，促进社会的包容性和公平性。

五、德国

德国颁布的《平等机会法》旨在全面保护残障人士免受任何形式的歧视，明确要求企业和社会各界必须提供必要的便利措施，以确保残障人士能够平等地参与社会生活。在城市规划方面，柏林等城市积极践行无障碍设计理念，通过建设触觉人行道、优化无障碍公共交通设施等举措，确保残障人士能够轻松、便捷地出行，享受城市生活的便利。

六、瑞典

瑞典《无障碍法案》明确要求公共设施、交通系统以及教育领域必须消除物理障碍，采取一系列措施确保残障人士能够全面、平等地参与社会生活。在城市无障碍设计方面，斯德哥尔摩等城市投入了大量资源，不仅在无障碍交通上做出了显著努力，如优化公共交通设施、设置无障碍通道等，还在公共空间进行了精心设计，提供无障碍酒店和旅游景点，让残障人士也能轻松享受城市的便利与美好。

七、加拿大

加拿大实行的通用设计原则在建筑和城市空间规划中得到广泛应用，旨在确保环境对所有人开放且友好，无论其身体条件如何。这包括设计无障碍入口，如坡道、自动门等，以及配备无障碍设施，如电梯、无障碍卫生间等，从而创造一个包容性的空间，让每个人都能轻松、便捷地使用和享受公共环境。

第四章　基于社会正义的残障阅读服务制度构建

八、世界卫生组织（WHO）

世界卫生组织（World Health Organization，简称 WHO）作为联合国下属的一个致力于促进全球公共卫生和健康的专门机构，其《WHO 残障政策》明确承诺，将残障人士全面纳入所有项目领域，确保他们在各项政策、计划和活动中都能得到充分的考虑和照顾。同时，该政策积极推动《联合国残疾人权利公约》等国际协议的实施，致力于在全球范围内促进残障人士的权益保障和福祉提升。

九、联合国

联合国（the United Nations），是最具普遍性、权威性和代表性的政府间国际组织，截至 2024 年，联合国共有会员国 193 个，另有 2 个观察员国。核心宗旨是维护国际和平与安全及进行国际合作。

联合国通过的《残疾人权利公约》（CRPD）是国际社会上最为重要的一项残障权利保护公约，它深刻强调了残障人士的平等权利和非歧视原则，为全球残障人士权益保障提供了坚实的法律基础。这些政策和法律框架，不仅彰显了各国和地区在推动残障人士平等参与社会方面的坚定决心和不懈努力，同时也充分反映了不同国家根据自身实际情况，采取的灵活多样、切实可行的措施，以确保残障人士能够享有与其他人同等的权利和机会。

1.2　国内残障服务政策

关于中国残障服务政策，其重点涵盖了多个关键方面。首先，为残障人士提供坚实的法律支持，确保他们的权益得到有效保障。其次，积极推进无障碍阅读服务，通过优化阅读资源、设施和技术手段，使残障人士能够便捷地获取和享受阅读乐趣。此外，公共图书馆也积极承担起残障服务的责任，通过提供专门的服务设施、资源和个性化服务，努力满足残障人士的文化需求，促进他们的社会参与和融合。

一、残障服务的总体法律框架

《中华人民共和国残疾人保障法》是保障残疾人权益的核心法律，它明确规定了残疾人在政治、经济、文化、社会和家庭生活等各个方面，都享有与其他公民完全平等的权利。该法律严禁任何基于残疾的歧视行为，强调社会应给予残疾人充分的尊重和理解。同时，法律要求国家采取一系列辅助方法和扶持措施，旨在减轻或消除残疾对残疾人生活的影响，确保他们能够平等地参与社会生活，享受应有的权益和福祉。

《中华人民共和国无障碍环境建设法》于2023年9月1日正式实施，该法律为全面加强无障碍环境建设提供了坚实有力的法治保障。它明确了无障碍环境建设的主体责任，要求各级政府、社会各界共同努力，确保无障碍设施的建设和完善。同时，该法律致力于推动残疾人、老年人等特殊群体平等、充分、便捷地参与社会生活，让他们在无障碍环境的支持下，更好地融入社会，享受与其他人同等的权利和机会。

二、无障碍阅读服务政策

《以无障碍方式向阅读障碍者提供作品暂行规定》于2022年8月正式发布，该规定旨在进一步规范以无障碍方式向阅读障碍者提供作品的秩序，确保阅读障碍者能够平等地获取和阅读各类作品。规定中明确界定了阅读障碍者的范围，包括视障人士，以及因视觉缺陷、知觉障碍、肢体残疾等原因无法正常阅读的人群。为了保障这部分人群的阅读权益，规定允许将已发表的作品制作成无障碍格式版，如大字版、有声读物等，并向阅读障碍者提供，且无须事先获得著作权人的许可，从而为阅读障碍者创造更加便利的阅读条件。

公共图书馆的无障碍服务是社会文化服务领域的重要议题。根据相关研究显示，我国公共图书馆在无障碍服务方面已经取得了一定进展，为残障人士提供了更加便利的阅读环境和服务。然而，与理想状态相比，仍存在一些不足之处，需要进一步完善和提升。为此，建议公共图书馆应制定更加完备、系统的服务政策，明确无障碍服务的目标和措施。同时，要重视网站无障碍建设，确保残障人士能够顺畅地访问和利用图书馆的数字资源。此外，还应不断优化无障碍技术，如提供语音导航、高对比度界面等，以降低残障用户的使用难度，提高他们的利用率，让公共图书馆真正成为所有人都能平等享受的文化殿堂。

三、残障服务的具体政策

残疾人社会保障与就业是国家社会发展的重要组成部分。国家通过不断完善残疾人社会保障制度，为残疾人提供全方位、多层次的保障，确保他们的基本生活需求得到满足。同时，国家还积极提供就业支持和康复服务，帮助残疾人提升自我能力，增强社会参与感。例如，为了更好地促进残疾人就业，残疾人就业辅导员和残疾人职业能力评估师等职业已被正式纳入职业分类，这一举措为残疾人提供了更加专业的就业指导和评估服务，有力地推动了残疾人就业工作的深入开展。

无障碍环境建设是当前社会发展的重要方向，政府和社会各界都在积极推动这一进程。这包括在公共交通、公共设施以及信息无障碍服务等多个方面进行全面优化。例如，为了保障盲人的出行权益，政府规定盲人可以免费乘坐市内公共交通工具，享受便捷的出行服务。同时，残疾人在搭乘公共交通工具时也能获得诸多便利和优惠政策，如优先乘车、专座设置等，这些措施有效提升了残疾人的出行体验，为他们更好地融入社会提供了有力支持。

我国高度重视残疾人的康复与教育事业。国家深入实施精准康复服务行动，全面推动残疾儿童康复救助制度的落实。通过提供个性化的康复方案和专业的康复服务，帮助残疾儿童改善身体状况，提高生活质量。同时，国家大力支持残疾人通过教育和康复相结合的方式，增强自我发展能力，为他们融入社会、实现人生价值奠定坚实基础。

四、公共图书馆的残障服务

公共图书馆作为重要的公共文化服务机构，肩负着为残障群体提供全面无障碍服务的重任。近年来，国内众多图书馆积极响应国家号召，积极开展无障碍服务，为残障读者提供了诸多便利。然而，在取得一定成绩的同时，我们也应清醒地认识到，当前的无障碍服务仍有较大的提升空间。为了进一步提升服务质量，建议图书馆进一步完善无障碍设施，如增设无障碍通道、配备助听设备、提供盲文书籍等，同时丰富服务内容，开展针对残障群体的特色文化活动。此外，还应加强与残障群体的互动交流，深入了解他们的文化需求，精准对接，为他们提供更加贴心、周到的服务。

总　结

中国在残障服务政策方面，经过多年的努力，已经形成了较为完善的法律框架体系。这一框架不仅涵盖了无障碍环境建设，还涉及康复服务、就业促进以及社会保障等多个关键领域，为残障人士提供了全方位、多层次的支持。然而，政策的制定只是第一步,更重要的是如何将其落到实处。未来,我们还需进一步加强政策落实的力度,确保各项措施能够真正惠及残障群体。同时,也要不断提升无障碍服务的质量和覆盖面,从细节处着手,优化服务流程,以更加贴心、周到的服务,更好地满足残障群体的多元化需求。

1.3 国内外残障服务政策的比较分析

对国内外残障服务政策从政策目标、实施方式、资金来源、服务提供等方面展开比较分析,可以发现两者存在显著的异同之处。有益于我们借鉴国外的先进经验,结合国内实际情况,进一步完善残障服务政策体系,提高残障服务的质量和效率,为残障人士创造更加美好的生活环境。

一、政策目标

(一)发达国家。美国在残障服务政策上,特别强调消除对残障人士的歧视,致力于保障他们在就业、教育、交通等各个社会领域的平等权利。通过立法和一系列措施,确保残障人士能够享有与健全人同等的就业机会,接受包容性教育,并便捷地使用公共交通设施,从而全面促进残障人士的融入与发展;欧盟组织高度重视社会融合,致力于通过加强无障碍环境建设和完善社会福利体系,为残障人士创造更加平等、包容的社会环境,推动他们全面参与社会生活,享受与健全人同等的权利和机会;日本的政策目标明确且聚焦,旨在全面提高残障人士的社会参与度和生活自主性,通过一系列措施和制度保障,促进残障人士更加积极地融入社会,实现自我价值,享受与健全人同等的参与机会和生活品质;北欧国家深知平等与包容的重要性,它们强调社会中的每一个成员都应享有平等的权利和机会。对于残障人士,北欧国家注重提供全面、细致的支持,涵盖生活、教育、就业等多个方面,旨在消除障碍,促进其社会融入,让残障人士能够在平等、尊重的环境中充分发挥自己的潜能,与健全人一起共建共享和谐社会。

(二)发展中国家。中国的政策目标明确指向保障残障人士的基本生活权利,确保他们能够享有与健全人同等的生存与发展基础。同时,国家积极推动残障人士在教育、就业、康复等方面的全面发展,通过提供特殊教育支持、就业机会平等和康复服务普及等措施,助力残障人士更好地融入社会,实现自我价值。印度政策目标长期以来主要集中在为残障人士提供基本生活保障和必要的医疗救助，确保他们的基本生存需求得到满足。然而，近年来，印度政府逐渐认识到教育和就业对于残障人士融入社会、实现自我价值的重要性，因此政策目标也在逐步拓展，开始更加注重为残障人士提供教育支持和就业机会，以促进他们的全面发展。

二、实施方式

（一）发达国家。美国通过颁布并实施《美国残疾人法案》（ADA）等一系列法律框架，明确规定了反歧视条款，为残障人士提供了坚实的法律保障。同时，美国政府积极与私营部门展开合作，共同推动这些政策的落实。政府通过提供资金支持和政策指导，鼓励私营部门参与到残障人士的服务和支持中来，形成了政府主导、社会参与的良好局面，有效促进了残障人士的权益保障和社会融入。欧盟组织通过制定并推广统一的无障碍环境建设标准，确保残障人士能够便捷地访问和使用公共设施与服务。同时，建立多层级的社会福利体系，为残障人士提供全方位、多层次的保障和支持，切实维护他们的合法权益，促进残障人士的全面融入和发展。日本通过设立"社区支援中心"，为残障人士提供包括康复服务、技能培训在内的多元化支持，同时强调促进社区与残障人士的互动交流，营造包容、和谐的社会氛围，助力残障人士更好地融入社区生活。新加坡则采用多元化的政策实施方式，包括提供税收减免、发放雇佣补贴等激励措施，积极鼓励企业雇佣残障人士，促进残障人士的就业机会，助力他们融入社会，实现自我价值。

（二）发展中国家。中国通过政府主导建立的康复中心，为残疾人提供专业的康复服务和支持；同时，颁布实施残疾人就业促进法等相关法律法规，明确企业雇佣残疾人的责任和义务，推动政策有效实施，促进残疾人就业和融入社会。印度在推动残障服务普及的过程中，更多依赖非政府组织和社会力量的参与和支持。通过政府与非政府组织的紧密合作，共同为残障人士提供多样化的服务，同时鼓励社会力量积极参与，形成全社会共同关心、支持残障人士的良好氛围。

三、资金来源

（一）发达国家。美国公共服务的资金来源呈现多样化特点，既包括政府财政的直接拨款支持，也涵盖社会医疗保险的资金投入，同时，还广泛吸纳私人慈善捐赠等多元渠道，共同为残障服务提供坚实的资金保障。欧盟组织主要通过实施高税收政策和完善的社会保险制度,为残障服务提供稳定且充足的资金支持,确保残障人士能够享受到全面、优质的服务。日本资金主要来源于政府财政的稳定拨款,为残障服务提供坚实的经济基础。同时,政府积极鼓励企业和社会团体进行捐赠,形成多元化的资金筹措机制,共同支持残障事业的发展。

(二)发展中国家。中国以政府财政拨款为主,为残障服务提供主要资金支持。同时,逐步引入社会力量参与,鼓励企业、社会组织和个人捐赠,形成政府主导、社会参与的多元化资金筹措机制。印度的资金来源相对单一,主要依赖政府的财政拨款来支撑残障服务。不过,在这一过程中,国际援助也发挥了不可忽视的重要作用,为印度残障事业的发展提供了额外的支持和帮助。

四、服务提供

(一)发达国家。美国提供涵盖全面的康复服务,包括物理治疗、职业治疗等,同时配套职业培训和心理支持,确保残障人士在身心各方面都能得到充分的帮助。这些服务从儿童早期干预开始,一直延伸到老年护理,全方位覆盖残障人士的不同生命阶段。欧盟组织强调社区在残障服务中的支持作用,注重提供个性化服务方案。通过设立社区康复中心,以及依托专业机构,为残障人士提供包括康复训练、生活辅助、心理咨询等在内的多样化服务,满足他们的不同需求。日本通过设立"残疾人综合服务中心",为残障人士提供一站式的康复、教育、就业等综合服务,全面满足他们的多元需求,助力他们更好地融入社会。

(二)发展中国家。中国以政府主导的康复中心和公共福利机构为主力,为残障人士提供全面的服务支持。同时,逐步引入社会力量参与服务提供,鼓励民间资本和社会组织投身残障事业,共同构建多元化的服务体系。印度的残障服务提供高度依赖非政府组织和社区的支持,这些组织和社区在推动残障服务方面发挥着重要作用。然而,资源分配不均衡的问题较为突出,一些地区和服务领域得到的支持较多,而另一些则相对匮乏,需要进一步加强资源的均衡配置。

总　结

发达国家的残障服务政策在覆盖范围上较为全面,资金投入充足,服务质量高,执行效果也相对更为完善。这些国家注重法律保障,通过立法确保残障人士的权益得到切实维护;同时,强调社会融合,努力促进残障人士融入主流社会;

还提供个性化服务，满足不同残障人士的特定需求。相比之下，发展中国家在残障服务方面面临资源有限、制度建设不足等挑战，服务覆盖不广，资金投入不足，服务质量和执行效果有待提升。然而，这些国家正在逐步借鉴发达国家的经验，结合自身国情，推动政策完善和优化。未来，各国应加强国际合作与交流，分享成功经验和最佳实践，共同推动残障服务政策的发展，为残障人士创造更加美好的生活环境。

1.4 中国残障阅读服务政策的优化建议

结合当前我国残障阅读服务政策现状和实践中的问题，提出针对性的改进措施，以下是关于中国残障阅读服务政策的优化建议：

一、完善法律法规，明确责任主体

中国已正式批准加入《马拉喀什条约》，为无障碍阅读资源的获取和传播提供了法律保障。为了进一步推动条约的有效实施，应细化相关条款，明确出版部门在无障碍格式图书的制作和出版中的具体职责，版权部门在版权许可和权益保护方面的角色定位，以及文化部门在无障碍阅读资源的推广和普及中的工作任务。通过明确各部门职责，形成合力，共同促进无障碍阅读资源的发展。在《中华人民共和国残疾人保障法》和《中华人民共和国无障碍环境建设法》中，应进一步明确政府在残障阅读服务中的具体责任，细化政策条款，确保政府各部门在推进残障阅读服务中有章可循、有责必履。通过立法保障，促使政府积极履行职责，推动残障阅读服务的政策落地见效，切实满足残障人士的阅读需求。

二、加强环境建设，提升服务效能

公共图书馆和文化机构应不断优化无障碍阅读空间，完善各类无障碍设施。具体包括设置醒目的盲道，方便视障人士安全通行；修建无障碍通道，确保轮椅使用者能够顺畅进出；配备专用电梯，方便行动不便的人士到达各个楼层；同时，设置无障碍洗手间，满足残障人士的特殊需求，从而确保残障人士能够自由、便捷地进出并享受阅读服务。

为视障人士全面配备盲文图书、智能听书机以及高清晰度放大器等辅助阅读设备，以满足他们多样化的阅读需求；同时为听障人士提供专业的手语翻译服务，并配备先进的视听设备，确保他们能够无障碍地享受文化信息和阅读服务。进一步推动数字化服务，充分利用互联网和数字技术的优势，为残障人士提供丰富多样的数字资源，如有声读物、电子盲文以及无障碍影视等。这些数字资源打破了时间和空间的限制，让残障人士能够随时随地享受阅读乐趣，获取所需信息。

三、丰富阅读资源，满足多样化需求

政府应进一步增加对无障碍阅读资源的财政支持力度，特别是针对盲文图书、明盲对照图书以及有声读物等资源的投入。通过加大资金扶持，丰富资源的种类和形式，满足残障人士多样化的阅读需求。关注特殊群体需求，特别是心智障碍者等特定人群，政府及社会各界应积极开发适合其认知水平的专属读物。这些读物需充分考虑心智障碍者的阅读能力和兴趣，以简洁明了、易于理解的方式呈现。同时，应将这些特殊读物纳入全民阅读推广范围，让更多人了解并关注这一特殊群体的阅读需求，共同促进全民阅读的包容性和多样性。推动内容持续更新，加快无障碍阅读资源的更新频率，确保残障人士能够紧跟时代步伐，及时获取最新的知识和信息，满足他们日益增长的文化需求。

四、强化社会参与，形成多元合作

发挥社会组织作用：鼓励社会组织、志愿者团队、企业和慈善机构参与残障阅读服务，形成政府主导、社会协同的格局。

加强馆校合作：公共图书馆与特殊教育学校合作，建立校图书馆或阅读室，为残障学生提供个性化阅读指导。

推动社区服务：依托社区文化中心，开展残障人士阅读活动，将阅读服务延伸到基层。

五、提升专业能力，加强人才培养

加强专业人员培训，对图书馆工作人员、特教教师和志愿者的进行专业化培训，通过系统的课程和实践锻炼，提升其服务残障人士的专业能力和素养，确保他们能够更好地满足残障人士的阅读需求和服务期望。开展信息素养教育，针对残障群体特点开展专项信息技术培训，通过深入浅出的教学方式，帮助其掌握使用各类数字资源的技能，提升信息获取和处理的能力。

六、加强宣传推广，提升社会意识

普及无障碍阅读理念，通过电视、网络、报纸等多种媒体渠道，广泛宣传无障碍阅读的重要性和意义，增强全社会对残障人士阅读权益的认识和关注，营造关爱残障人士、支持无障碍阅读的良好社会氛围。推广成功案例，积极宣传无障碍服务中有影响力的品牌，展示它们在为残障人士提供可及性服务的卓越成效，以此激励和引导更多地区学习借鉴，推动类似服务在更广泛的范围内开展，让无障碍阅读的理念深入人心，惠及更多残障人士。

七、推动政策落实，建立评估机制

加强政策执行监督力度，建立健全残障阅读服务的评估体系，明确评估标准和指标。通过定期检查、第三方评估等方式，对政策落实情况进行全面、客观的评估，确保各项促进残障阅读服务的措施能够真正落地见效，切实保障残障人士的阅读权益。完善反馈机制，通过发放问卷调查、组织座谈会等多种形式，广泛收集残障人士对阅读服务的意见和建议。对收集到的反馈信息进行认真分析，及时了解残障人士的需求和期望，并根据实际情况及时调整服务内容，以更好地满足残障人士的阅读需求。

通过以上一系列切实有效的措施，我们可以进一步优化和完善中国残障阅读服务政策，为残障人士提供更加便捷、全面的阅读服务。这将有力推动残障人士平等享有阅读权利，让他们能够更好地融入社会，享受文化成果。同时，这也将促进社会包容性发展，营造更加和谐、包容的社会氛围。

第二节 资源分配与公平性原则

2.1 公共图书馆资源分配的现状

一、公共图书馆资源分配的现状

（一）资源总量与人均资源

截至 2023 年末，全国人均图书藏量达到了 1.02 册，这一数据相较于以往有所增长，显示出我国在公共图书馆建设方面取得了一定的进展。同时，平均每万人公共图书馆建筑面积也达到了160.3平方米，为公众提供了更加宽敞舒适的阅读环境。然而，尽管总量上有所增长，但人均图书资源仍然相对匮乏，与一些发达国家相比还存在较大差距。因此，未来我们仍需进一步加强公共图书馆的建设和管理，提高图书资源的丰富度和多样性，以满足广大读者日益增长的阅读需求。

（二）区域分布不均衡

我国东部地区经济发达，公共图书馆的数量众多，资源丰富多样，无论是图书的种类、数量还是更新速度，都走在全国的前列。人均图书占有量和供应能力均位居全国前列，为当地居民提供了极为便利的阅读条件。例如，浙江、广东、江苏等省份，其公共图书馆资源的发展态势尤为强劲，不仅藏书量巨大，而且服务设施完善，远高于全国的平均水平，成了全国公共图书馆建设的标杆。近年来，中部地区公共图书馆的资源供应能力有了一定程度的提升，图书馆的数量和藏书量都有所增加。然而，由于人口基数相对较大，人均占有量仍然较低，整体发展水平处于全国的中游位置。中部地区需要继续努力，提高公共图书馆的服务水平和资源供应能力，以满足广大读者的阅读需求。西部地区公共图书馆的数量和资源相对较少，与东部和中部地区相比存在一定的差距。尤其是西藏、青海、宁夏等边远地区，由于地理、经济等因素的限制，公共图书馆资源稀缺，服务水平也相对较低。

（三）经费投入与资源采购

随着《中华人民共和国公共图书馆法》的深入实施，各地政府对公共图书馆文献资源建设的重视程度不断提高，投入力度也有所加大。然而，尽管整体投入有所增加，购书经费不足的问题仍然凸显，成为制约图书馆资源持续增长的重要因素。在部分地区，因经费限制，购书经费多年未能得到调整，使得图书馆新增资源有限。在资源采购方面，公共图书馆正积极应对挑战，逐步建立起总量丰富、结构优良的文献信息资源体系。这一体系不仅涵盖了传统的纸本文献，如书籍、期刊等，还积极纳入了数字资源，如电子书、在线数据库等，以满足读者多元化的阅读需求。通过不断优化资源结构，公共图书馆正努力为读者提供更加全面、便捷的信息服务。

（四）总分馆制与资源共享

总分馆制已成为公共图书馆资源分配的一种重要且有效的模式。通过实施总分馆制，实现了文献资源的统一采购、统一编目、统一配送以及通借通还的服务，极大地提高了资源利用效率和管理水平。这一模式有效解决了基层图书馆经费紧张、资源不足等难题，使得更多读者能够享受到丰富多样的图书资源。此外，为了进一步扩大资源覆盖范围，部分地区还积极利用流动服务设施，如流动图书车等，以及数字服务设施，如电子阅读设备、在线图书馆等，将优质资源向革命老区、民族地区、边疆地区和贫困地区倾斜，努力缩小地区间的资源差距，让更多人享受到公共图书馆带来的便利和服务。

（五）数字资源建设

随着数字资源建设的作用日益凸显，已成为公共图书馆资源分配的重要方向。公共图书馆正积极适应数字化时代的发展趋势，逐步将传统馆藏资源迁移至云端，构建起庞大且便捷的数字馆藏体系，使读者能够随时随地轻松访问丰富的图书资源。在数字资源的建设过程中，公共图书馆不仅注重通用资源的收集和整理，还特别重视地方特色资源的挖掘与开发，以及少年儿童适用资源的精选和编纂，同时，也着力加强少数民族语言文字资源的建设和推广，以满足不同读者群体的多元化需求。

（六）资源再分配与共享机制

政策积极鼓励公共图书馆采用无偿划转、社会捐赠、资产置换等多种方式，将闲置或多余的文献资源有效调配至资源相对匮乏的地区，以促进资源的合理再分配和高效循环利用。在此基础上，区域内的各图书馆通过联合采购机制，共同商讨采购计划，降低采购成本；同时，实施统一编目标准，确保文献资源的规范性和一致性；并通过协调入藏策略，避免资源重复建设，实现文献资源的共建共享，最大化地发挥资源的整体效益。

（七）未来展望

公共图书馆将继续深化在数字领域的布局，通过配备智能虚拟助手或服务型机器人，进一步优化管理流程，提升服务效率与质量，为读者提供更加便捷、高效的服务体验。同时，增强现实（AR）技术等新兴技术的引入和应用，将为公共图书馆的资源分配和服务模式带来更多创新可能，让阅读体验更加丰富多元，推动公共图书馆服务向更高水平迈进。

总体来看，公共图书馆资源分配在总量上实现了稳步增长，区域均衡性也得到了逐步改善，数字资源建设更是取得了突破性进展，为读者提供了更加便捷、多元的阅读方式。然而，在取得这些可喜成绩的同时，公共图书馆仍面临着一些亟待解决的问题，如区域差异依然明显，部分偏远地区资源匮乏；经费不足也制约了图书馆服务的进一步提升和拓展。因此，我们需要进一步优化资源配置，加大投入力度，提升服务效能，确保公共图书馆能够更好地满足广大读者的需求。

二、公共图书馆无障碍资源分配的现状

公共图书馆无障碍资源分配的现状可以从环境建设、资源供给、服务模式等方面进行分析，以下是具体状况：

（一）无障碍环境建设

1. 硬件设施逐步完善。近年来，部分公共图书馆在无障碍环境建设方面取得了显著且实质性的进展。以首都图书馆为例，该馆不仅配备了专门的无障碍停车位，方便残障人士便捷停车，还精心设置了盲道、轮椅坡道，确保通行无阻。馆内各处均设有醒目的无障碍标识，语音提示电梯为视障读者提供便利，盲文按钮则体现了对细节的无微不至。此外，无障碍卫生间、专用轮椅和电动轮椅等设施的配备，更是全方位满足了特殊读者的需求。

2. 设施普及程度不足。尽管部分图书馆在无障碍环境建设方面已经投入了大量资源和努力，但从整体上看，无障碍设施的普及程度仍然较低。许多图书馆在盲道设置、无障碍电梯配备、导引服务提供等方面存在明显缺失，导致部分特殊读者在享受图书馆服务时面临困难。

3. 区域差异明显。在无障碍环境建设方面，东部地区和经济发达地区的公共图书馆相对完善，无论是设施种类还是服务质量都走在前列。然而，中西部地区和经济欠发达地区的公共图书馆在无障碍环境建设方面仍存在较大差距，需要进一步加强投入和建设，以缩小区域之间的差异，让更多特殊读者能够享受到平等、便捷的图书馆服务。

（二）无障碍资源供给

1. 视障群体资源有限。尽管近年来中国盲文出版社的出版能力有所提升，不断推出更多盲文读物、大字读物和有声读物，但与我国高达 1 700 多万的视障

人群需求相比，这些资源仍然显得极为稀缺。部分省级公共图书馆在无障碍资源建设方面存在明显不足，馆藏资源陈旧，形式单一，且更新不及时，难以满足视障读者的多元化需求。

2. 数字资源建设滞后。视障群体的数字素养和技能相对不足，这使得他们在获取数字资源时面临诸多困难。同时，部分公共图书馆过于依赖中国盲文图书馆的数字资源，导致资源同质化现象严重，缺乏特色和创新，利用率也相对较低。

3. 资源共享机制缺失。当前，各图书馆之间缺乏有效的合作机制和统一的技术标准，这使得无障碍数字资源难以实现共享。这种现状不仅容易导致资源浪费，还可能引发重复建设的问题，进一步加剧了视障群体资源获取的难题。

（三）无障碍服务模式

1. 个性化服务不足。公共图书馆的服务对象普遍以健全人为主，对于残疾人，尤其是残障人士的服务意识和能力相对较弱。尽管部分图书馆已经提供了无障碍设施，但在实际服务过程中，仍存在"被动服务"的现象，缺乏主动了解和满足残障人士特殊需求的服务意识。

2. 专业人员匮乏。目前，近半数的省级公共图书馆尚未配备专门的残疾人服务馆员，而普通馆员在残疾人服务方面的专业知识和技能也显得不足，难以全面、细致地满足残障群体的特殊需求，影响了服务的质量和效果。

3. 信息无障碍建设待提升。公共图书馆在网站信息无障碍建设方面的情况并不理想，信息无障碍的服务意识和水平还有待进一步提高。这使得残障人士在获取图书馆线上资源和服务时面临诸多困难，需要图书馆方面加强信息无障碍建设，提升服务水平。

（四）政策与合作模式

1. 政策支持逐步加强。随着《中华人民共和国无障碍环境建设法》的正式实施，公共图书馆无障碍服务有了更为坚实的法律依据，为残障人士享受平等、便捷的图书馆服务提供了有力保障。然而，相关法律体系仍须不断完善，以更好地适应无障碍服务发展的实际需求。

2. 多方合作模式初现端倪。为了提升无障碍技术的实施能力，部分公共图书馆开始积极探索与高等教育机构、专业研究机构或技术领先公司的合作路径。通过资源共享、技术交流和项目合作，图书馆得以引入更先进的无障碍技术和服务理念，为残障读者提供更加贴心、高效的服务。

（五）未来展望

1. 加强设施建设。公共图书馆应进一步加大无障碍硬件设施的建设力度，不仅要完善现有设施，还要提升设施的普及率和规范性，确保每一位残障读者都能方便、顺畅地使用图书馆的各项服务。

2. 丰富资源供给。为了满足残障读者的多元化需求，公共图书馆应不断增加盲文读物、大字读物、有声读物等特色资源的供给，同时优化数字资源建设，提高资源的多样性和更新频率，确保残障读者能够及时获取到最新、最全面的信息。

3. 提高服务品质。公共图书馆应重视专业人员的培训，通过定期举办培训班、交流会等方式，提升馆员的服务意识和能力，推动残障阅读服务从"被动"向"主动"，从"无障碍"向"可及性"转变，让残障读者感受到更加贴心、周到的服务。

4. 完善资源共享机制。为了实现无障碍资源的最大化利用，公共图书馆应建立统一的技术标准和合作机制，加强与其他图书馆、机构之间的合作与交流，实现无障碍资源的共建共享，避免资源浪费和重复建设。

总体来看，公共图书馆在无障碍资源分配方面，硬件设施建设、资源供给丰富度以及服务模式创新等方面都取得了一定进展，为残障读者提供了更多便利。然而，仍面临着资源相对有限、服务意识尚待提升、专业人员匮乏等突出问题。为了解决这些问题，需要进一步完善相关政策支持，加强政府与社会各界的合作机制，共同推动无障碍服务的持续发展，全面提升无障碍服务的整体水平，让每一位残障读者都能享受到平等、便捷、高效的图书馆服务。

2.2 基于公平性的资源分配策略

基于公平性的公共图书馆资源分配策略可以从以下几个方面展开：

一、优化资源配置的公平性评价体系

公共图书馆资源分配的公平性可以通过建立科学的评价体系来衡量和改进。例如，利用洛伦兹曲线和基尼系数对图书馆服务的公平性进行评价，通过分析人均藏书量、财政拨款、到馆人次等指标，评估不同区域或群体之间的资源分配差

第四章 基于社会正义的残障阅读服务制度构建

异。这种评价方法能够直观地反映资源分配的公平性，并为政策调整提供依据。

二、基于需求的资源分配策略

公共图书馆应根据用户需求和社会群体的多样性，制定差异化的资源分配策略。例如，针对视障群体、老年人、儿童等特殊群体，提供专门的无障碍资源和服务，确保所有群体都能公平地获取信息。此外，通过需求调研和数据分析，优化资源采购和分配，避免资源浪费。

三、区域协同与资源共享机制

公共图书馆可以通过总分馆模式或联盟合作，实现区域内资源的共建共享。例如，总分馆模式下，通过联合采购、特色馆藏建设和资源共享，优化资源分配，避免重复投入。此外，建立区域文献资源共享共建体系，促进不同机构之间的跨领域合作，提升资源利用效率。

四、政策支持与资源再分配

政策层面应加强对公共图书馆资源分配的指导和支持。例如，《公共图书馆管理办法》规定，通过无偿划转、捐赠、置换等方式，优先将资源分配到革命老区、民族地区、边疆地区和欠发达地区，促进资源的再分配和循环利用。这种政策安排有助于缩小区域之间的资源差距，提升整体公平性。

五、社会力量参与

鼓励社会力量参与公共图书馆建设，通过合作机制实现资源的多元化供给。例如，通过与企业、社会组织、高校等合作，建立资源共享平台，共同开展资源采购和服务项目。这种合作模式不仅能够丰富资源供给，还能提升资源分配的公平性。

六、提升服务的可及性

公共图书馆应注重服务的可及性，确保资源分配能够覆盖更广泛的群体。例如，通过优化图书馆的地理位置布局、延长服务时间、提供线上服务等方式，提升服务的可达性。此外，针对偏远地区或弱势群体，可以通过流动图书馆、数字图书馆等方式，提供更加便捷的服务。

七、强化公平性原则的制度保障

公共图书馆的服务应坚持公平与非歧视性原则，确保制度设计和服务流程的公平性。例如，通过制定统一的服务标准和资源共享规则，保障不同群体能够平等地获取资源和服务。

展望未来，公共图书馆应当进一步加强公平性原则的贯彻与落实，通过不断的技术创新和政策的有力支持，全面提升资源分配的精准性和效率。例如，可以积极利用大数据和人工智能等先进技术，对读者的阅读需求进行深度挖掘和分析，从而优化资源采购策略，确保所采购的图书、资料等能够更贴近读者的实际需求。同时，通过智能化的服务推送系统，将资源精准地推送给有需求的群体，确保资源能够更公平、更高效地分配到每一个需要它们的人手中。

通过以上策略的实施，公共图书馆能够在资源分配过程中更加充分地体现公平性原则，确保各类读者群体都能获得相应的服务与支持。这样不仅能满足不同群体的多元化需求，还能有效促进社会文化资源的均衡发展，让每一个角落、每一个群体都能享受到公共图书馆带来的知识滋养和文化熏陶。

第三节　服务标准与质量监控

3.1　残障阅读服务标准的制定

残障阅读服务标准的制定，是切实保障残障群体能够平等获取文化资源的一项至关重要举措。现有政策和标准已经对此相关内容进行了明确和规范，旨在通过具体、可行的措施，确保残障人士在阅读方面享有与健全人士同等的权利和便利。

一、国家标准：《公共图书馆读写障碍人士服务规范》

《公共图书馆读写障碍人士服务规范》（GB/T 39658—2020）是我国针对残障阅读服务制定的专门标准，于2020年12月14日发布并实施。该标准规定了公共图书馆为读写障碍人士提供服务的以下内容：

服务对象主要面向因先天性疾病、意外伤害或其他各种原因导致在语言表达、阅读、书写、写作以及数理学习方面存在困难的人士，旨在为他们提供全面、贴心的阅读支持。

（一）服务资源。为了满足这些特殊群体的需求，我们配备了专门的服务空间，设有无障碍设施，确保他们能够便捷地进出和使用。同时，我们还提供了丰富的设施设备，如助听设备、放大镜、特殊阅读工具等。在文献资源方面，我们收藏了大量易读文献、有声读物、盲文读物等，以满足不同读者的阅读需求。此外，我们的服务人员也经过了专业培训，具备为读写障碍人士提供专业服务的能力。

（二）服务形式。我们的服务形式包括基本业务和扩展业务。基本业务主要是提供常规的图书借阅、咨询等服务；而扩展业务则更加注重满足特殊群体的个性化需求，如提供定制化的阅读方案、组织专门的阅读活动等。通过提供易读文献、有声读物、盲文读物等多种形式的阅读材料，我们力求让每一位读者都能找到适合自己的阅读方式。

（三）服务要求。为了更好地为读写障碍人士服务，我们强调公共图书馆需要不断完善服务设施，提升服务品质。同时，我们还将开展专业的培训活动，提高服务人员的专业素养和服务意识，确保他们能够为读写障碍人士提供更加专业、贴心的服务。

二、版权政策支持：《以无障碍方式向阅读障碍者提供作品暂行规定》

国家版权局于 2022 年 8 月 1 日印发了《以无障碍方式向阅读障碍者提供作品暂行规定》，旨在规范无障碍作品的制作和传播。主要内容包括：

（一）无障碍格式版的定义。无障碍格式版是指采用替代的呈现方式或形式，如大字体、有声读物、盲文等，使得阅读障碍者能够感知并有效使用的作品版本，旨在消除阅读障碍，保障他们的文化权益。

（二）制作与传播规则。在遵循著作权法的前提下，允许制作并向阅读障碍者提供无障碍格式版。但在制作与传播过程中，必须遵守相关要求，如明确指明作者姓名、作品名称，确保信息的准确无误；同时，无障碍格式版的提供应仅限特定渠道，以确保传播的合规性与有序性。

（三）服务机构管理。提供无障碍格式版的服务机构须具备相应的资质与能力，确保服务的专业性与可靠性。此外，服务机构还需向国家版权局进行备案，接受监管与指导，以规范无障碍格式版的制作与传播行为。

三、文化服务保障：《"十四五"提升残疾人文化服务能力实施方案》

该方案强调公共图书馆需为残疾人提供无障碍服务，包括：

（一）无障碍环境建设。公共图书馆应积极为残疾人提供适宜的服务场地和内容，确保他们能够便捷地享受阅读服务，且这些服务场地和内容应免费或给予优惠开放，体现公共服务的均等化和人文关怀。

（二）个性化服务。为了满足不同残疾类别人群的特殊需求，公共图书馆应提供多样化的个性化服务。针对视障人士，可以提供盲文读物和有声读物；对于阅读困难的老年人或视力不佳的读者，提供大字读物；此外，还应提供无障碍电影等，让各类残疾人群都能享受到阅读的乐趣。

（三）视障阅览室建设。为了进一步提升对盲人群体的服务，应大力扶持省、市、县三级公共图书馆建立视障阅览室。这些阅览室应配备充足的盲文图书和丰富的视听文献资源，为盲人读者提供一个专属、舒适且便捷的阅读空间。

四、未来发展方向

（一）完善认定机制。为了更精准地为阅读障碍者提供服务，我们应充分利用现有的残疾人认定体系，将"阅读障碍"正式纳入残疾类型之中，并由县级残联进行统一管理。这样一来，可以更有效地识别和定位需要特殊阅读服务的群体，确保服务能够精准到位。

（二）加强资源共享。为了促进无障碍格式版作品的广泛传播和利用，我们应建立无障碍格式版作品的法定交存平台。这一平台将负责作品的保存和共享，使得更多机构和个人能够获取到这些资源，从而推动无障碍阅读服务的普及和发展。

（三）扩大服务范围。在条件成熟的情况下，我们应允许出版商参与无障碍格式版的出版活动。通过引入市场机制，可以进一步激发无障碍阅读服务的活力，扩大服务范围，让更多残障群体能够享受到便捷、高效的阅读服务。

通过以上标准和政策的深入实施，公共图书馆在残障阅读服务方面有了更加明确、具体的规范和指导。这些规范和指导不仅为公共图书馆提供了操作依据，也确保了残障群体能够享受到与健全人士同等质量的文化服务。公共图书馆积极践行这些标准，为残障群体提供了更加公平、更加便捷的阅读环境，让文化的阳光照亮每一个角落。

3.2　质量监控体系的构建

一、建立质量监控体系的作用与意义

建立质量监控体系在公共图书馆服务中具有重要的作用，尤其是在残障阅读服务领域，它能够确保服务的高效性、公平性和可持续性。质量监控体系的主要作用：

（一）确保服务的标准化和规范化

质量监控体系能够为公共图书馆的服务提供明确的标准和规范，确保服务流程的规范性和一致性。

1. 服务标准的落实。通过精心制定并严格执行一系列服务标准，如《公共图书馆读写障碍人士服务规范》，来确保残障群体在图书馆能够享受到符合规范、高质量的服务。这些标准涵盖了服务的各个方面，从接待、咨询到图书借阅、阅读辅助等，都力求满足残障人士的特殊需求，确保他们能够获得与健全人士同等的文化服务体验。

2. 无障碍设施的规范化。高度重视无障碍设施的建设、维护和使用，确保这些设施严格符合国家标准，为残障群体提供便捷、安全的通行和使用环境。无论是图书馆的入口、通道、楼梯，还是阅览室、洗手间等区域，都进行了无障碍设计，配备了必要的辅助设施，如坡道、扶手、无障碍卫生间等。同时，我们还定期对无障碍设施进行检查和维护，确保其处于良好状态，不断提升残障群体的使用体验。

（二）提升服务质量和用户满意度

质量监控体系通过持续地评估和改进，能够有效提升服务质量和用户满意度。

1. 用户反馈机制。建立多元化、便捷的用户反馈渠道，如设置意见箱、开通服务热线、建立在线反馈平台等，确保能够及时、全面地收集用户对图书馆服务的意见和建议。通过认真倾听用户的声音，我们能够及时发现服务中存在的问题和不足，并迅速采取措施加以改进，不断优化服务流程，提升用户满意度。

2. 服务质量评估。为了保障服务的高效性和公平性，定期对图书馆的服务进行全面、客观地评估。评估内容涵盖无障碍资源的供给是否充足、服务人员的专业能力是否达标、服务流程是否顺畅等多个方面。通过评估，我们能够及时了

解服务的实际状况，发现存在的问题和短板，并针对性地制定改进措施，确保图书馆服务能够持续、稳定地提升。

（三）保障资源的有效供给和利用

质量监控体系能够确保无障碍资源的合理分配和高效利用，避免资源浪费。

1. 资源评估与优化。通过评估无障碍资源的种类与数量，确保资源的全面覆盖与充足储备，并依据评估结果及时补充与更新，精准满足残障群体的多元化需求。

2. 资源共享机制。通过构建资源共享平台，打破图书馆间的壁垒，促进无障碍资源在更广泛范围内的流通与共享，让资源的价值得到最大化利用。

（四）提升服务的公平性和可及性

质量监控体系能够确保残障群体能够平等地获取图书馆服务，提升服务的公平性和可及性。

1. 服务设施的可及性。全面评估无障碍设施的实用性与便捷性，能够确保残障群体轻松无阻地使用图书馆的各项服务设施。

2. 服务覆盖范围。细致评估服务的广泛度与普及率，确保即使是偏远地区的居民和弱势群体，也能享受到图书馆提供的贴心服务。

（五）促进服务的持续改进

质量监控体系通过定期的评估和反馈，能够发现问题并及时改进，推动服务的持续优化。

1. 持续改进机制。通过建立健全持续改进机制，定期对服务流程进行梳理与优化，不断提升服务质量，确保服务始终保持在最佳状态。

2. 数据分析与决策支持。通过精准的数据分析深入挖掘数据价值，为服务改进提供有力支撑，确保决策过程更加科学、有效，推动服务不断迈向新高度。

（六）提升服务的透明度和公信力

质量监控体系能够通过公开透明的评估和反馈机制，提升图书馆服务的透明度和公信力。

1. 信息公开透明。通过公开服务质量评估结果，自觉接受社会各界的监督，确保服务的公正与透明。

2. 用户深度参与。通过邀请用户参与服务质量评估全过程，让用户的声音成为服务改进的重要参考,不断提升用户对服务的信任与认可。

(七)促进政策的落实和资源的整合

质量监控体系能够确保相关政策的落实,并通过资源整合提升服务的整体水平。

1. 政策有效落实。通过评估服务的合规性,确保《"十四五"提升残疾人文化服务能力实施方案》等相关政策得到切实执行与有效落地。

2. 资源高效整合。通过与社会各机构携手合作,整合多方资源,共同提升服务的多样性与丰富性,为残疾人提供更加全面、多元的文化服务体验。

(八)提升服务的可持续性

质量监控体系能够通过科学地评估和管理,确保服务的可持续性。

1. 资源的持续稳定供给。通过对资源使用情况的全面评估,科学合理地规划资源的采购计划与更新策略,确保资源的可持续供给。

2. 服务的长远稳健发展。通过持续改进服务,不断优化服务流程与内容,确保图书馆服务能够紧跟社会发展的步伐,满足广大读者的多元化需求,实现服务的长期发展。

总　结

建立质量监控体系对于公共图书馆服务来说,具有极其重要的意义。这一体系不仅能够全面提升服务的质量和用户满意度,让每一位读者都能享受到优质、高效的文化服务,还能确保服务的公平性、可及性和可持续性。通过科学的评估和管理手段,公共图书馆可以更加精准地把握读者的需求变化,特别是残障群体的特殊需求,从而有针对性地优化服务内容和方式。这样,公共图书馆就能更好地满足残障群体的需求,促进社会文化的均衡发展,让文化之光照亮每一个角落。

二、构建质量监控体系的措施

公共图书馆质量监控体系的构建是提升服务质量和保障用户满意度的重要环节。以下是基于现有政策和实践的建议:

(一)明确质量监控体系的目标

质量监控体系应以用户满意度为核心,围绕公共图书馆的服务标准、资源供给、设施配备、人员素质等方面展开。通过持续改进和优化,确保图书馆服务的公平性、可及性和高效性。

（二）建立基于标准的服务质量评估机制

公共图书馆应依据国家相关标准（如《公共图书馆读写障碍人士服务规范》）和政策（如《"十四五"提升残疾人文化服务能力实施方案》）制定具体的服务质量评估指标。

1. 服务设施：无障碍设施的完备性和可用性。
2. 资源供给：无障碍格式版资源的种类和数量。
3. 人员素质：服务人员的专业能力和态度。
4. 用户满意度：通过问卷调查、用户反馈等方式定期评估。

（三）加强无障碍服务的规范化管理

根据《以无障碍方式向阅读障碍者提供作品暂行规定》，公共图书馆需确保无障碍格式版的制作和传播符合法律要求，包括：

1. 指明作者姓名和作品名称，使用合法来源的作品。
2. 仅限通过特定渠道向阅读障碍者提供服务，防止未经授权的传播。
3. 记录并保留相关服务信息，以备主管部门查阅。

（四）推动服务质量的持续改进

公共图书馆应定期开展内部审核和外部评估，结合用户反馈和数据分析，发现问题并及时整改。例如：建立严格的检查机制，进行内部审核，定期对服务流程和服务质量进行全面梳理和检查，确保每一项服务都符合既定的标准和规范。通过内部审核，及时发现并纠正服务中存在的问题，不断优化服务流程，提升服务质量。邀请第三方机构或用户代表进行评估，作为外部评估，以获取更加客观、全面的意见和建议。第三方机构的专业视角和用户代表的切身体验，可以提供改进方向更好地满足用户需求，提升服务满意度

（五）加强人员培训和能力建设

提升图书馆工作人员的服务意识和专业能力是质量监控体系的重要组成部分。公共图书馆应该定期组织无障碍服务培训，提升服务人员对残障群体需求的理解。引入ISO9000质量管理体系，通过标准化流程提升服务效率。

（六）强化技术手段的应用

利用现代信息技术，如大数据分析、用户管理系统等，提升服务质量监控的精准性和效率。例如：通过完善的用户管理系统，记录每一次服务的使用情况，

包括服务类型、使用频率、用户反馈等关键信息，以便深入分析用户的实际需求和偏好。利用智能设备技术，对无障碍设施进行智能化升级，如安装自动感应门、语音导航系统等，以科技力量提升无障碍设施的使用便捷性和舒适度，为残障人士提供更加贴心、高效的服务体验。

（七）建立反馈机制和用户参与

公共图书馆应建立畅通的用户反馈渠道，鼓励用户参与服务质量的评估和改进。例如：设立专门的反馈渠道是提升服务质量的重要环节，通过线上平台如官方网站、社交媒体以及实体意见箱等多种方式，为广大用户提供便捷、高效的反馈途径。同时，定期组织用户座谈会，邀请各界用户代表参与，面对面地收集他们对服务的意见和建议，深入地了解用户需求，为后续的服务改进提供依据。

（八）加强政策支持和资源整合

公共图书馆应积极争取政策支持，整合社会资源，提升服务质量。例如：依据《"十四五"提升残疾人文化服务能力实施方案》的指导，积极争取政府部门的政策与资金支持，同时广泛动员社会力量，吸引社会资金的投入，共同为提升残疾人文化服务能力贡献力量。积极与高校、社会组织建立紧密合作关系，共同策划并开展无障碍服务项目。通过整合各方资源，发挥各自优势，致力于推动无障碍环境的建设与完善，为残障人士提供更加便捷、贴心的服务体验。

通过以上措施，公共图书馆可以构建一个全面、科学的质量监控体系，提升服务质量和用户体验，更好地满足残障群体的文化需求。

第四节　多方合作与协同机制

4.1　政府、图书馆、社会组织与残障群体的合作模式

一、政府与残障群体的合作模式

（一）提供政策保障与支持。政府通过制定和完善相关法律法规及政策，为残障群体提供社会保障和服务。例如，2008年《关于促进残疾人事业发展的意

见》和2010年《关于加快推进残疾人社会保障体系和服务体系建设的指导意见》等政策文件，明确了残疾人社会保障和服务的内容。

（二）保障财政投入与资源分配。政府加大公共财政投入，用于保障残障群体的基本生活权益、提供康复、教育、就业等服务。同时，合理分配资源，确保残障群体能够享受到公平的社会资源。

（三）建立服务体系。政府主导建立残疾人服务体系，统筹发展残疾人康复、教育、就业、扶贫、托养、无障碍、文化体育、维权等专项服务，不断扩大服务覆盖面。

（四）营造残健融合的社会氛围。政府积极通过多渠道的宣传和全方位倡导，致力于改变社会对残障群体的传统偏见与误解，努力营造一个更加包容和平等的社会环境。在这一过程中，政府不仅强调残障人士的权利与尊严，还通过实施一系列政策和项目，有效消除社会排斥现象，逐步打破隔阂，促进残障群体与社会的深度融合。

二、图书馆与残障群体的合作模式

图书馆提供全面的无障碍设施与丰富资源。设立无障碍阅览室，便于轮椅进出及行动不便者使用。室内配备了多种高科技辅助设备，包括精准的盲文刻印机、便捷的盲文打字机、先进的一体式电脑助视器以及功能强大的盲文有声读书机等，这些设备极大地满足了视障读者的阅读与学习需求。在资源方面，图书馆采编各类盲文书籍，涵盖了文学、科普、历史等多个领域，让视障读者也能畅游知识的海洋。同时，还准备了便于阅读的大字本书籍，以及内容丰富的有声书籍资源，通过多样化的形式，确保每位残障读者都能找到适合自己的阅读方式，享受阅读的乐趣。

开展阅读推广活动。图书馆针对残障群体的特点和需求，定期开展多样化的阅读推广活动，如朗诵比赛、知识竞答、读书会等，满足残障群体的文化需求。

三、社会组织与残障群体的合作模式

社会组织凭借自身的专业优势，积极为残障群体提供全方位、高质量的专业服务。这些服务不仅涵盖了康复、教育、就业培训、心理辅导等多个关键领域，而且注重个性化、精准化的需求对接。例如，在就业培训方面，一些社会组织根据残障人士的实际情况和兴趣爱好，量身定制职业技能培训课程，如手工艺制作、计算机操作、客户服务等，帮助他们掌握一技之长，提升就业竞争力，从而顺利实现就业。

社会组织通过宣传和倡导，提高社会对残障群体的关注和理解，推动社会观念的转变，营造良好的社会环境。

资源整合与项目合作：社会组织与政府、企业、图书馆等合作，整合各方资源，共同开展针对残障群体的项目。例如，与图书馆合作开展阅读推广活动，与企业合作为残障群体提供就业机会。

社会组织积极参与残障群体相关政策的制定和监督流程，通过深入调研和广泛听取残障人士的意见，为政策的制定提供切实可行的建议，确保政策内容能够全面、准确地反映残障群体的实际需求。同时，在政策实施过程中，社会组织持续跟踪评估，及时反馈实施效果，提出改进建议，以不断优化政策，确保其能够真正惠及残障群体，提升他们的生活质量和社会参与度。

四、政府、图书馆、社会组织与残障群体的合作模式

政府、图书馆、社会组织等各方积极整合并优化自身资源，实现跨领域、跨机构的资源共享与优势互补，从而为残障群体提供更加全面、更加优质、更具针对性的服务。通过协同合作，各方能够更有效地满足残障人士多元化、个性化的需求，助力他们更好地融入社会，享受更加充实、幸福的生活。

政府、图书馆、社会组织协同合作与项目实施是提升残障群体福祉的重要途径。各方通过紧密合作，共同策划并实施了一系列项目，旨在全面改善残障群体的生活品质。例如，在残障群体的阅读推广和康复训练项目中，政府充分发挥了资金支持的引导作用，确保了项目的顺利实施；图书馆则提供场地和丰富的阅读资源，为残障人士营造了良好的学习和康复环境；社会组织则凭借自身的专业优势，提供专业化服务，如阅读指导、心理辅导和康复训练等，确保项目能够精准对接残障群体的实际需求。

建立长期稳定的合作机制和平台，加强各方之间的沟通与协调，提高合作效率。例如，建立残障群体服务联盟，定期召开会议，共同商讨服务计划和方案。

共同推动残健融合。各方共同努力，推动残障群体的社会融合，消除社会对残障群体的歧视和偏见，促进残障群体平等参与社会生活。

4.2 协同机制的运行与保障

协同机制的运行与保障是多方合作中实现高效服务和资源优化的关键环节。协同机制的有效运行与坚实保障,在多方合作中确保高效服务供给和资源优化配置不可或缺。它能够促进各方沟通顺畅、分工明确,从而在面对残障群体服务需求时,能够迅速响应、精准施策,实现服务效果的最大化。

一、协同机制的运行

(一)明确主体职责与分工

在协同机制中,政府、图书馆、社会组织和残障群体各自承担不同角色。政府发挥主导作用,提供政策支持和资金保障;图书馆利用自身资源,提供场地和服务平台;社会组织则发挥专业优势,提供针对性服务;残障群体作为服务对象,参与需求反馈和服务评估。例如,《"十四五"残疾人保障和发展规划》强调政府、社会力量和市场主体的协同作用,形成工作合力。

(二)建立多层级协同平台

参考民航协同运行模式,建立多层级的协同平台,如区域运行协调管理委员会、基层服务网络等,确保信息流通和资源共享。在残障群体服务中,可借鉴"全国民航运行协调会"的模式,建立全国或区域性的残疾人服务协调机制,统筹各方资源。

(三)信息共享与数据整合

协同机制的核心是信息共享,通过建立数据共享标准和规范,打破信息壁垒。例如,残疾人服务可通过信息化平台整合需求评估、资源分配和服务反馈等环节。

(四)需求导向与动态调整

服务项目需以残障群体的实际需求为导向,通过调研和反馈机制,动态调整服务内容。例如,金山区图书馆通过满意度调查,针对残障人士的朗诵需求开展专项培训。

二、协同机制的保障

(一)政策支持与顶层设计

政府需完善政策体系,强化顶层设计,确保协同机制有法可依。例如,

《"十四五"残疾人保障和发展规划》提出完善党委领导、政府负责、部门协同的工作机制。

（二）资金与资源保障

建立多元化的资金投入机制，政府、社会组织和企业共同参与。例如，上海市金山区图书馆与残联共同设立专项资金，保障残障群体阅读推广项目的可持续性。

（三）专业人才培养与能力建设

加强专业人才队伍建设，着重提升服务人员的专业能力，是优化残障群体服务质量的核心举措。例如，通过定期举办专业培训课程，不仅能够有效提升图书馆员在辅助阅读、无障碍设施使用指导等方面的专业技能，还能增强志愿者在沟通理解、心理疏导以及紧急情况应对上的能力，从而更好地服务于残障群体，满足他们的多元化需求。

（四）监督与评估机制

建立健全全面的服务质量监测体系，定期开展满意度调查和服务质量评价活动，是确保服务持续优化与提升的关键步骤。例如，在残疾人康复服务领域，通过引入定期的专业评估机制，不仅监测服务流程的执行情况，还细致检查服务对象的实际康复效果，从而全方位确保服务质量的稳步提升。

（五）社会宣传与氛围营造

通过广泛宣传和积极倡导，努力营造全社会共同关注和支持残障群体的文明氛围。例如，上海市金山区图书馆通过打造特色鲜明的品牌化宣传活动，不仅提升了本馆残障群体服务项目的社会关注度，还进一步激发了社会各界对助残事业的热情与参与度。

总　结

协同机制的高效运行与坚实保障离不开政府、图书馆、社会组织和残障群体自身的积极参与和共同努力。在这一过程中，首先需要各方明确各自的职责分工，形成优势互补、协同推进的工作格局。同时，建立专门的协同平台，通过定期召开联席会议、开展联合调研等方式，加强信息共享和沟通协调，确保服务项目的精准对接和高效实施。

此外，坚持需求导向，密切关注残障群体的实际需求和服务反馈，不断优化服务内容和方式。在此基础上，结合政策支持、资金保障、人才培养和监督评估等关键环节，形成一套完整的服务保障体系，能够有效推动残障群体服务项目的高质量发展，进一步提升残障群体的生活质量和社会融合度。

第五章
残障阅读服务的技术实践创新

第一节 辅助技术在残障阅读中的应用

1.1 视障阅读技术

视障阅读技术在残障阅读中的应用已经取得了显著进展，以下是主要的应用场景和技术创新：

一、基于OCR技术的阅读辅助设备

OCR（光学字符识别）技术是视障阅读技术的核心组成部分之一。它凭借先进的图像处理与模式识别算法，成功地将印刷或扫描的文本内容精准地转换为可编辑、可搜索的数字文本，并进一步转化为语音。这一过程极大地拓宽了视障人士获取信息的渠道，使OCR技术成为他们日常阅读和学习中不可或缺的工具。通过这一技术，视障人士能够以前所未有的高效、便捷方式享受阅读，极大地提升了他们的阅读体验和生活质量。例如，头戴式阅读器利用OCR技术结合语音合成算法，能够实时将文本内容转换为语音输出，帮助视障人士在不同环境中快速获取信息。这种技术不仅提高了文本识别的准确性和速度，还通过优化用户界面和交互设计，引入语音反馈和触觉指引功能，进一步提升了用户体验。

二、智能语音阅读器与有声读物

智能语音阅读器是视障阅读技术的重要应用之一,它利用先进的语音识别与合成技术,将文字信息转化为清晰、自然的语音输出。这一创新设备为视障人士提供了独立阅读和获取信息的新途径,使他们能够轻松访问各类书籍、文档和网页内容,极大地丰富了他们的精神生活,并增强了他们参与社会活动的能力。例如,长沙市图书馆配备了智能语音阅读器,视障人士可以通过这些设备轻松听书。此外,有声读物平台如 Audible 和 LibriVox 也为视障人士提供了丰富的听书资源,这些平台支持多种无障碍功能。

三、盲文显示器与电子助视器

盲文显示器是一种专门设计的电子设备,能够将数字文本精确无误地转换为盲文字符,完美适配于能够阅读盲文的视障人士。这种设备不仅极大地改善了视障人士的阅读体验,使他们能够更流畅、更自主地获取信息,而且能够与屏幕阅读器等辅助技术无缝集成,形成一个综合的信息获取系统。

对于低视力人士,电子助视器(包括便携的手持式和固定的台式助视器)通过高科技手段放大文本和图像细节,显著增强了视觉信息的清晰度,从而帮助他们更轻松、更准确地阅读。这些精密的设备巧妙结合了先进的光学放大技术与电子技术,能够根据用户的视力状况进行个性化调整,不仅极大地提高了阅读速度,还确保了阅读内容的准确性。

四、智能技术与智慧阅读

随着人工智能和智能技术的不断进步与创新,视障阅读体验得到了前所未有的进一步提升。例如,智慧图书馆通过 VR(虚拟现实)、AR(增强现实)等技术,为视障读者提供了更丰富的阅读体验。此外,一些图书馆配备了智能阅读设备,如一键式智能读书机和变倍 LED 放大镜,满足了视障读者的多样化需求。

五、移动应用与无障碍阅读

移动应用在视障阅读中发挥着日益重要的作用,为视障用户提供了更加便捷、个性化的阅读体验。例如,Speechify 是一款高质量的文本转语音应用,支持多种语言和盲文集成,能够与主流屏幕阅读器兼容。此外,Bookshare 和 Voice Dream Reader 等应用提供了丰富的无障碍书籍资源,支持大字体和盲文输出。

六、未来发展方向

尽管视障阅读技术在近年来已经取得了显著的进展，为视障人士带来了前所未有的便利，但仍面临一些亟待解决的挑战。例如，OCR 技术在处理手写文本和复杂布局（如多栏排版、图形文字混合等）时的准确性尚有待进一步提高，以确保信息的完整无误传递。此外，未来的研究方向可能更加聚焦于进一步优化 OCR 算法的精度与效率，改进用户界面设计以提升用户体验，以及积极探索和拓展技术在教育领域的广泛应用，从而更好地服务于视障人士的学习与成长需求。

总　结

视障阅读技术通过 OCR、语音合成、智能助视器等多种手段，为视障人士提供了多样化的无障碍阅读解决方案。这些技术不仅提高了视障人士获取信息的能力，还为他们的社会融合和文化生活提供了支持。随着技术的不断进步，视障阅读体验将进一步优化，为视障人士创造更平等的阅读环境。

1.2　听障阅读技术

听障阅读技术在残障阅读中的主要技术及其应用：

一、手语视频

手语视频是听障人士获取信息的重要方式之一。通过将手语翻译与视频内容结合，听障人士可以更直观地理解信息。例如，华为公司结合人工智能和动作捕捉技术，开发了 StorySign 字幕与手语实时对应功能，能够将书籍上的文字实时转化为手语视频，并根据听障儿童的阅读速度自动"标亮"字幕。此外，一些在线平台也提供手语翻译服务，帮助听障人士在复杂场景下（如医院问诊、法律咨询）通过远程视频获得面对面的手语翻译。

二、字幕系统

字幕系统是听障阅读技术的核心应用之一，主要包括以下几方面：

（一）隐藏式字幕（Closed Captioning，简称 CC）是一种专为听障人士设计的辅助字幕技术。除了准确呈现视频中的对白字幕外，隐藏式字幕包含了场景声音和配乐的解释信息。这些额外的信息以文字形式呈现，帮助听障人士在无法听到声音的情况下，依然能够全面且深入地理解视频内容，享受与健全人士无异的观影体验。

（二）自适应字幕设计充分考虑了听障人士的认知能力和个性化学习需求。在这一设计中，字幕速度、字体样式、字号大小等关键参数均可根据用户的偏好进行灵活调整，以确保最佳的阅读体验。此外，为了进一步提升学习效果，字幕功能还创新性地引入了"字幕标签"设置。这一功能允许听障人士为视频中的关键信息或难点内容添加标签，便于他们日后快速定位并重复回放这些视频片段，从而加深对知识的理解和记忆。

（三）实时字幕生成技术为听障人士带来更多的便利。一些专门设计的应用，如"畅听无碍"APP，巧妙利用先进的语音识别技术，能够即时捕捉并准确地将视频中的语音内容转换为文字字幕，从而帮助听障人士轻松理解那些原本没有字幕的视频内容。这一技术的实现，极大地拓宽了听障人士的视听世界，让他们能够无碍地享受各类视频资源。

三、多媒体与多模态阅读资源

（一）超文本动态链接，作为一种创新的信息组织形式，巧妙地通过超链接将图像、音频（尽管对听障人士直接作用有限，但可通过文字描述或转化为视觉提示）、视频、动画以及文本等多种媒介信息无缝整合在一起，为听障人士构建了一个更为丰富、直观的阅读环境，从而极大地帮助他们更好地理解阅读内容。这种融合了多种表现形式的多模态阅读资源，不仅能够吸引听障人士的注意力，增强他们的阅读兴趣，而且能够在视觉层面上提供更多元化的信息支持。通过这些动态且互动性强的内容，听障人士能够更深入地理解和吸收信息，进而有效提升他们的认知能力和阅读理解能力，为他们在学习和生活中创造更多可能性。

（二）交互式视频资源平台，这是一种专为听障人士设计的创新平台，提供带有字幕或专业手语翻译的交互式视频资源。通过这些精心制作的视频内容，听障人士在学习新知识、掌握新技能以及享受娱乐内容时，能够更加顺畅地获取信息，不受听力障碍的限制。平台上的视频资源覆盖广泛，从教育课程到休闲娱乐，应有尽有，确保听障人士能够根据自己的兴趣和需求，轻松获取到丰富多样的信息。

四、AI 与个性化学习支持

（一）手语识别与翻译技术，借助 AI（Artificial Intelligence）人工智能驱动的手语识别系统，能够将手语实时、精准地转化为文字或语音输出，从而极大地促进了听障人士与他人之间的有效沟通。这一创新技术不仅提升了听障人士的社交体验，也为他们更广泛地融入社会创造了有利条件。

（二）自适应学习平台利用 AI 技术的强大分析能力，可以根据听障学生的学习行为和成效数据，智能地为其量身定制个性化的学习计划和内容。该平台能够智能推荐带有字幕或专业手语翻译的教学视频，以确保听障学生能够无障碍地获取和理解知识。同时，AI 还会根据学生的学习进度和理解程度，动态调整学习难度和节奏，确保每位学生都能在最适合自己的节奏下稳步提升。

五、无障碍出版与辅助工具

（一）AIGC（Artificial Intelligence Generated Content），即人工智能生成内容技术，特别是以 ChatGPT 为代表的先进生成式人工智能技术，其内置的文本转语音（TTS）功能，能够将数字文本内容流畅且自然地转换为语音输出。这一功能为视障人士提供了极大的便利，使他们能够借助语音形式轻松获取和理解各种信息，极大地拓宽了他们的信息获取渠道。

（二）实时字幕生成器，这些便捷的工具专为听障人士设计，能够在他们观看视频或参与在线课程时，即时捕捉音频内容并将其转化为文字信息，确保他们不会错过任何重要细节。

总　结

听障阅读技术通过手语视频、字幕系统、多模态阅读资源和 AI 技术等手段，为听障人士提供了多样化的无障碍阅读解决方案。这些技术不仅提高了听障人士获取信息的能力，还保证了他们在教育、娱乐和社会参与中获得平等机会。随着技术的不断进步，听障阅读体验将进一步优化，为听障人士创造更包容的社会环境。

1.3　肢障阅读技术

肢障阅读技术通过无障碍阅读设备和智能辅助工具，为肢体障碍人士提供了多样化的支持，帮助他们更便捷地获取和理解阅读内容。以下是主要的应用场景和技术工具：

一、无障碍阅读设备

智能阅读器，是一款结合了先进 OCR（光学字符识别）技术的创新设备，它能够将印刷文本迅速且准确地转换为清晰的语音输出。这一功能极大地便利了肢体障碍人士的阅读需求，使他们无须依赖视觉即可获取信息。通过智能阅读器的语音反馈功能，肢体障碍人士可以轻松地聆听书籍、报纸、文件等各种印刷材料的内容，从而拓宽了他们的知识获取渠道，提升了生活的便捷性和独立性。

二、智能辅助工具

（一）语音控制与语音助手，借助先进的语音识别技术，肢体障碍人士能够仅凭语音命令来操作各类电子设备。无论是阅读电子书、流畅地浏览网页，还是远程控制智能家居设备，如调节灯光亮度、开关空调等，都可以通过简单的语音指令轻松实现。这一技术极大地提升了他们的生活质量，使操作设备变得更加直观和便捷。

（二）眼动追踪技术，通过实时追踪眼球运动，帮助肢体障碍人士有效地操作电脑或移动设备。借助这一技术，他们能够轻松地完成阅读文档、浏览网页、编辑文字以及进行其他复杂操作，如发送邮件、调整系统设置等，从而大大提升了他们在工作、学习和日常生活中的便利性和自主性。

（三）智能假肢与外骨骼，AI 驱动的智能假肢和外骨骼设备，通过精密的传感器和先进的算法，能够高度模拟自然肢体的动作，从而帮助肢体障碍人士更流畅、更自然地完成各类日常动作。这些设备不仅能够帮助他们行走、抓取物品，还能在细微动作上提供支持，比如在阅读时翻页、调整书本位置等，极大地提升了他们的生活质量和独立性。

三、个性化与多模态阅读支持

（一）语音转文字软件，这类软件的出现使得肢体障碍人士能够通过语音输入的方式轻松记录笔记或撰写文章，极大地减少了对传统书写方式的依赖。用户只需用语言叙述，软件即可实时将语音转化为文字，大大提高了他们的写作效率和便捷性。

（二）多感官阅读教学，该方法结合了视觉、听觉和触觉等多种学习模式，以全方位、多维度的方式呈现阅读内容，从而帮助肢体障碍人士更深入地理解和吸收信息。通过图片、音频、视频以及实体材料等多样化的教学资源，学生能够更加直观地把握知识点，增强记忆效果。

（三）文本转语音（TTS）应用，这种创新技术能够将数字文本快速转换为语音，从而支持肢体障碍人士仅凭听觉就能轻松获取信息。无论是电子书、网页内容还是其他文本资料，TTS应用都能将其转化为清晰、流畅的语音输出，极大地拓宽了他们获取信息的渠道。

四、未来发展方向

（一）技术创新，随着人工智能和语音识别技术的不断进步，未来的肢障阅读工具将更加智能化，不仅功能更为强大，而且能够提供更自然、更人性化的交互体验，极大地提升肢体障碍人士的阅读效率和舒适度。

（二）应用拓展，这些前沿技术将进一步拓展到教育、医疗和就业等多个关键场景，为肢体障碍人士在学习、健康管理和职业发展等方面提供更全面、更细致的支持，助力他们更好地融入社会。

通过这些技术和工具，肢体障碍人士能够更便捷地获取和理解阅读内容，提升他们的学习和生活质量。

第二节　数字图书馆与残障服务

2.1　数字资源的无障碍设计

数字资源的无障碍设计是指通过优化数字产品的设计和开发流程，确保这些资源能够被包括残障人士在内的所有用户平等且有效地访问与使用，从而打破信息获取的障碍，促进社会整体的包容性与平等性。

一、数字资源无障碍设计的关键要素

（一）视觉无障碍

提供高对比度的色彩方案，确保文本与背景之间有足够的视觉差异，以便于视力受损者能够清晰地区分文字与背景，减少阅读时的眼部疲劳。

支持灵活的文本缩放和图标大小调整功能，以适应不同用户的视力需求，无论是近视还是远视的用户，都能根据个人情况调整至最舒适的阅读状态。

为图像、图表等非文本内容提供详尽的描述性文本标签，以便屏幕阅读器能够准确解读并传达给视障用户，确保信息的完整性和无障碍性。

（二）听觉无障碍

为视频和音频内容提供清晰的字幕或详细的文字脚本，确保听力障碍者能够准确理解内容信息，享受无障碍的视听体验。

同时，提供便捷的音量控制选项，让用户能够自由调节音量大小，有效避免声音突然变化带来的不适或困扰。

（三）操作无障碍

确保所有核心功能都可以通过键盘操作，无须依赖鼠标操作，从而满足行动不便用户的使用需求，提升操作的便捷性和无障碍性。同时，设计简洁直观、层次分明的导航结构，帮助用户迅速定位并找到所需信息，优化整体的用户体验。

（四）认知无障碍

使用清晰、简洁且易于理解的语言，避免使用过于复杂或专业的术语，确保信息传达的准确性和高效性。同时，提供明确的步骤指导和有用的错误提示信息，引导用户顺利完成操作，并及时解决可能遇到的问题。

二、数字资源无障碍设计的实践方法

（一）遵循 WCAG 指南

在数字资源无障碍设计的实践中，Web 发布必须遵循 WCAG（Web Content Accessibility Guidelines），即网络内容无障碍指南，确保数字资源的感知性、可操作性、易理解性和稳健性。数字资源在设计和实现过程中，需充分考虑到用户的感知性，使信息能够以多种形式被用户所察觉；同时，保证数字资源的可操作性，使用户能够方便地与内容进行交互和操作；此外，还要注重易理解性，确保信息表述清晰、简洁，易于用户理解和掌握；最后，要确保数字资源的稳健性，保证其在不同环境和使用条件下都能稳定运行，为用户提供可靠的服务。

（二）优化界面设计

采用语义化的 HTML 标签来构建网页，确保屏幕阅读器等辅助技术能够准确、正确地理解页面结构和内容层次。同时，提供足够的上下文提示信息，帮助用户更好地理解页面元素之间的关系和功能。此外，设计明确的焦点样式，使键盘用户能够清晰地知道当前焦点所在，提升网页的可访问性和用户体验。

（三）多媒体内容支持

为音频和视频内容添加详细的文字说明或同步字幕，以便听众和观众在无法听音或需要更好理解内容时，能够方便地获取相关信息。同时，提供便捷的语音导航功能，让用户能够通过语音指令轻松操作，提升使用体验的便捷性和互动性。

（四）用户测试与反馈

利用自动化检测工具定期对网站或应用的无障碍性进行全面检查，及时发现并修复潜在的问题。主动邀请残障用户参与测试，通过他们的实际使用体验，收集真实、具体的反馈意见。根据这些反馈，不断优化和改进产品或服务，确保所有用户都能享受到平等、便捷的使用体验。

三、数字资源无障碍设计的重要性与价值

数字无障碍设计不仅为残障人士提供了更加便捷、平等的途径去融入数字环境，享受数字时代带来的种种便利，还能在无形中提升整体用户体验，让所有人都能在无障碍的数字空间中自由遨游。这一设计理念深刻体现了社会公平与正义的原则，是现代社会文明进步的重要标志，彰显了人类对多元、包容、共享价值的追求。

通过以上科学、合理的设计原则和实践方法，我们可以有效地提升数字资源的无障碍性，确保数字内容对所有人都是友好且可访问的。这样的设计不仅让数字产品更加人性化，也能让其惠及每一个人，无论他们的身体状况或能力如何，都能平等地享受数字时代带来的便利与乐趣。

2.2 数字图书馆平台的可及性优化

数字图书馆平台的可及性优化可以从以下几个方面入手：

一、用户界面与交互设计

优化界面设计。数字图书馆平台应致力于打造一个简洁、直观且用户友好的界面。这个界面不仅要美观大方，更要方便用户快速准确地找到所需资源。为了实现这一目标，我们需要深入进行用户研究和测试，通过问卷调查、用户访谈等方式，全面了解用户的使用习惯和需求。同时，我们还应密切关注用户的反馈意见，及时收集并整理，根据这些宝贵的反馈对界面进行不断地优化和调整，以确保用户能够轻松上手，享受便捷的数字图书馆服务。移动友好性。数字图书馆平台应紧跟时代步伐，积极开发移动应用程序，支持多种设备访问，如手机、平板电脑等。这样，用户无论身处何地，都能随时随地获取到所需的资源。移动应用程序还应集成在线阅读、下载等多种功能，让用户能够更加方便地浏览和获取图书、文献等资源，满足其多样化的学习需求。

二、资源获取与整合

加强平台资源丰富性建设，积极与各大出版商、学术机构建立紧密合作关系，不断扩充电子书籍、期刊、音视频等多样化的数字资源。这些资源将涵盖各个学科领域，满足不同用户的学习、研究需求。通过持续更新和引入新资源，确保平台内容的时效性和丰富性，为用户提供更多选择。进行资源整合，打破以往资源孤岛的现象。将分散在不同渠道、不同格式的资源集中到一个统一的平台上，实现资源的集中管理和共享。这样，用户可以更加便捷地在一个平台上获取到所需的所有资源，无须在多个平台之间切换。进一步简化检索流程，优化搜索功能，提高资源的可发现性，让用户能够更快更准确地找到所需资源。

三、技术创新与服务模式

接入智能服务，引入人工智能技术，建立智能问答系统和虚拟助手，提供24小时在线咨询服务。将前沿的人工智能技术引入数字图书馆平台，建立智能问答系统和虚拟助手。该系统能够全天候24小时提供在线咨询服务，无论用户何时有疑问或需求，都能得到及时、准确的回应。智能问答系统基于强大的自然语言处理技术，能够理解用户的问题并给出精准的答案，而虚拟助手则能以友好的方式与用户互动，提供个性化的服务体验。

进行个性化推荐，利用大数据分析用户行为，提供个性化的阅读推荐，提升用户体验。充分利用大数据技术的优势，深入分析用户的阅读行为、偏好和兴趣点。通过精准的数据挖掘和分析，为用户提供更加个性化的阅读推荐服务。这些推荐内容将更加贴合用户的实际需求，有效提升用户的阅读体验和满意度。

提供嵌入式服务。将服务嵌入用户的学习、工作场景，提供无缝式信息服务。将平台的服务深度融入用户的学习、工作场景，如高校教学环境、科研项目研究等各个环节，通过无缝对接的信息服务，确保用户在任何需要的时候都能便捷地获取到所需的信息资源。

四、开放获取与资源共享

用好开放获取政策。推广免费或低成本资源，扩大资源共享范围。积极推广免费或低成本的学术资源，降低获取门槛，使得更多用户能够轻松访问和利用这些资源，从而有效扩大资源共享的范围，促进知识的广泛传播与应用。

实现全球资源的共通共享。通过国际合作，构建跨国界的数字资源共享平台，丰富用户的知识获取渠道。通过加强国际合作与交流，致力于打造一个跨国界的数字资源共享平台，通过整合全球范围内的优质数字资源，进一步丰富用户的知识获取渠道，促进信息的互通有无和共享共用。

五、用户体验与反馈

建立健全用户反馈机制。打通用户反馈渠道，定期收集意见并进行改进。构建完善的用户反馈机制，确保用户能够方便快捷地提出意见和建议，定期收集用户的反馈，并进行深入分析和有效改进，以不断提升服务质量和用户满意度。

强化培训与支持。开展数字化服务培训，提升用户的数字素养，帮助用户更好地利用平台。开展数字化服务培训活动，旨在全面提升用户的数字素养和技能水平，通过专业的指导和实践操作，帮助用户更好地掌握平台的使用方法和技巧，从而更加高效地利用平台资源，提升个人或团队的工作效率和成果。

六、服务的可持续性

关注数据安全与隐私保护。强化信息安全措施，保护用户隐私，提升用户信任感。强化信息安全措施，严格保护用户隐私数据，通过加强技术防护和管理规范，确保用户信息的安全无虞，从而有效提升用户对平台的信任感和使用满意度。

实行平台的集约化管理。通过集约化管理降低运营成本，提高平台的可持续性。通过实施集约化管理策略，优化资源配置，减少浪费，有效降低运营成本，同时提升平台运营效率，确保平台的长期稳健运行，从而提高平台的可持续性和竞争力。

通过以上措施，可以提升数字图书馆平台资源的可及性，满足用户多样化的需求，推动知识的传播与共享。数字图书馆平台资源可及性和便捷性的提升，能够更加全面地满足用户日益多样化的信息需求。同时，这些措施也将有力推动知识的广泛传播与共享，促进文化的交流与发展，进一步提升数字图书馆平台的服务质量和影响力。

第三节　新兴技术的探索与应用

3.1　人工智能在残障服务中的潜力

人工智能在残障服务中展现出巨大的潜力，能够显著改善残障人士的生活质量、独立性和社会参与度。以下是人工智能在残障服务中的主要应用领域和潜力：

一、视觉障碍支持

（一）图像识别与描述。AI技术可以通过图像识别描述周围环境、识别物体和读取文本（如书籍、路标），帮助视障人士更好地理解周围世界。例如：西北工业大学研发的电子导盲犬，通过大模型计算可以实现智能人机交互、智能乘梯引导、智能过街引导、智能室内引导等功能。我们将一个智能的网络框架嵌入到它的算力平台上，实现人机交互。让它在没有网络的时候，也能对我们的命令进行分析和执行。能够实现对环境的认知和对障碍的躲避。它会在电梯中提示使用者所在楼层，有没有人进入电梯等信息，通过快速地响应周围信息和人的需求，来更好地帮助视觉残障人士。

（二）导航辅助。结合GPS和计算机视觉，AI能够为视障人士提供室内外导航支持，例如：清华大学计算机系史元春教授团队研发的"虚拟盲道"触觉导航系统，通过深度摄像头识别路面，通过肩部震动、手持设备（触觉指南针）等多种触觉反馈系统向视障用户反馈行走方向。以触觉代替视觉，为视障群体提供自主出行的温暖守护。

（三）文本转语音。AI将电子书、网页内容等转换为语音，方便视障人士阅读。例如：专门为视障读者开发的"阳光读屏"软件，通过识别网页或电子设备上的文本信息，将内容转换为语音信号，通过耳麦、音箱等设备输出，帮助视障读者轻松获取信息。

二、听觉障碍支持

（一）语音转文本。语音转文本技术已经被广泛使用在我们的生活中。AI将语音内容实时转换为文字，生成实时字幕，帮助听障人士参与对话或观看视频。AI技术能够将语音内容实时、准确地转换为文字，并即时生成实时字幕，这一功能极大地便利了听障人士参与日常对话或观看各类视频内容。通过这一技术，听障人士能够克服听力障碍，无缝融入交流场景，享受更加平等和无障碍的沟通体验。

（二）手语识别与翻译。通过计算机视觉识别手语动作并将其翻译为文本或语音。上海追求人工智能科技有限公司研发的"凝眸一号"AI手语识别机器人帮助语障群体无障碍沟通，该机器人是世界首台能看懂手语并能实时将手语翻译成语音和文字的AI机器人。其手语识别不受周边环境因素（如背景、灯光）、肤色、服装的干扰，在断网和断电的情况下仍能够继续工作，识别率达到92%以上。

（三）情感语音合成。AI生成带有情感的语音，帮助听障人士更好地表达情绪。听障人士由于听力的缺失，造成语言表达能力低下，与健全人群的交流困难，因而常常感到孤独和无助。AI的情感语音合成功能，能够帮助障人士充分地表达情感，增进人际交往。

三、运动障碍支持

（一）智能假肢与外骨骼。AI驱动的智能假肢和外骨骼设备可以根据用户的运动意图提供更自然的动作控制，帮助运动障碍者完成日常活动。HACKberry3D是一款功能卓越的打印仿生肌电假肢，它可以通过智能手机进行操控。借助智能手机的强大计算能力，用户能够根据个人需求进行多样化的个性化设置，包括抓握、捡拾、捏取等多种动作，其灵活度甚至足以轻松拎起一张纸。更为重要的是，这款假肢打破了传统假肢价格高昂的壁垒，大大降低了使用成本。作为是国内首款商用化的下肢外骨骼机器人，Fourier X1 拥有强大人机交互能力，它能够感知患者在步行中的足底压力变化并作出判断，然后把指令传输给电机以达到帮助患者实现行走动作，通过"触觉"能够帮助患者实现行走的目的。这种基于非侵入式脑机接口技术研发的智能仿生腿让截肢患者自如行走。

（二）语音与眼动控制。通过语音助手和眼动追踪技术，AI 帮助运动障碍者操作电脑或移动设备。谷歌研究团队携手合作伙伴，创新性地推出了一款基于大型语言模型（LLM）的用户界面（UI）应用——SpeakFaster。该应用凭借精心微调的 LLM 技术和对话语境理解能力，能精准地将高度缩写的英文文本（仅包含单词首字母，并在必要时补充字母或单词）扩展为完整、准确的短语。对于肌萎缩侧索硬化症（ALS）患者而言，SpeakFaster 显著减少了眼动打字所需的按键次数，降幅高达 57%，并使文本输入速度相较于基线水平提升了 29% 至 60%。这一突破极大地促进了运动障碍患者参与自然流畅对话的能力，使他们能够更充分地表达自我，从而有效提升了生活质量。

四、沟通障碍支持

增强与替代沟通（AAC）。AI 将文本或符号转换为语音，帮助无法说话的人进行沟通。沟通构成了人类自我认同的核心要素。然而，对于数百万罹患如卢格里格氏症或脑瘫等疾病、面临语言障碍的患者而言，这种基本的表达能力却成了他们日常生活的沉重负担。幸运的是，AI 技术的兴起正逐步改变这一现状。谷歌的 Project Relate 项目便是一个典型例证，这款 AI 应用程序能够学习并解析语言障碍者的独特语音特征，将其发音转化为清晰可懂的语言信息。试想，一个人长期遭受病痛困扰，难以与家人朋友顺畅交流，甚至无法让同事理解自己的感受，AI 技术的介入无疑将极大地恢复其个人尊严，并强化其在人际关系中的内在力量。这款 AI 工具的设计初衷便是为了提高生活质量，它再次证明了 AI 技术能够基于善意初衷，为个人、社交圈子乃至整个社会构建互利共赢的新局面。

情感表达是人际交往中的重要组成部分。AI 技术的最新进展使得机器能够生成带有真实情感的语音，这一创新为沟通障碍者提供了前所未有的帮助。通过模拟人类情感的声音特质和语调变化，AI 生成的语音能够更准确地传达说话者的情绪状态，从而帮助沟通障碍者更好地表达他们的喜怒哀乐，使他们在交流中能够更加自然和真实地表达自己。

五、认知与学习障碍支持

提供个性化学习方案。AI 技术能够深入分析学习障碍者的具体需求，并根据这些需求提供量身定制的学习内容和节奏。inABLE 与 I-Stem 携手合作，共同研发出了集文本转语音、语音识别以及计算机视觉功能于一体的 I-Assistant 智能助手。这款创新工具专为盲人和弱视应试者设计，提供了 AI 驱动的对话体验。通过这一平台，他们可以更加便捷地获取学习资料，并在上课过程中得到实时的语音反馈和图像识别支持，极大地提升了他们的学习效率和便利性。

情绪与行为管理。通过先进的面部表情识别技术和精准的语音分析，系统能够实时监测并识别个体的情绪状态。基于此，它能够提供个性化的情绪管理建议，帮助用户有效调节情绪，促进心理健康。

六、心理健康支持

AI 聊天机器人，提供情感支持和心理健康建议，例如 Woebot。Woebot 是一款由斯坦福大学心理学家艾莉森·达西开发的聊天机器人，其设计初衷是为用户提供一个缓解焦虑和抑郁问题的平台。这款应用从心理学的专业角度出发，致力于改善人们的心理健康状况。鉴于心理健康数据属于高度隐私的范畴，采用聊天机器人作为治疗媒介成了一个理想的解决方案。Woebot 基于认知行为疗法构建，这一疗法与精神分析疗法有着显著的区别。认知行为疗法更侧重于个体如何理解和解释特定事件，而非事件本身。其中，生态瞬时评估法是认知行为疗法的一个重要组成部分，它要求心理医生定期评估病人的情绪状态，进而描绘出病人的情感模式。Woebot 简化了这一过程，使得用户能够更便捷地获得帮助。对于一些人而言，与聊天机器人交流相较于面对心理医生可能更为轻松自在。Woebot 能够收集情感数据，发现那些人类难以自我察觉的情感模式。同时，它还会通过定期询问相关问题来监测用户的状况，为用户提供个性化的支持。

情绪监测。通过语音和文本分析监测情绪变化，提供早期干预。生理残疾只是社会难题中的一部分，另一部分则源自情绪与心理健康方面的挑战。而且随着越来越多的人面临被孤立或者慢性生理疾病的折磨，他们的情绪和心理也在一并遭到摧残。由 AI 驱动的虚拟治疗师和心理健康应用程序能够为焦虑、抑郁或者孤独的人群提供引导和保护。情绪监测系统通过监测用户的行为和语言模式来识别其遭遇情绪困扰的早期迹象，并在必要时触发警报以实施防范性干预。

七、日常生活支持

（一）智能家居。通过语音助手控制家电、灯光、温度等，提升生活便利性。智能家居音响和语音助理，智能家居音响与智能家电配合使用时，可以发挥强大的作用，它能够让视力丧失和有身体疾病的人轻易打开灯光，并且可以使用语音命令调节温度；"喂饭机"Obi 是人工智能技术在智能家居领域的又一创新应用，专为行动障碍人士精心打造。这款智能设备配备了一只功能强大的自动化机械臂，该机械臂能够 360 度旋转并上下伸展，灵活适应不同需求。用户只需指导 Obi 进行一次喂饭流程的学习，并指明嘴巴的位置，Obi 便能将这一动作与位置信息储存起来，随后自动执行喂食任务。机械臂上安装的探测装置实时反馈位置，防止食物误入他处，当机械臂在喂食过程中遇到障碍物时，这一装置会立即触发自动停止机制，确保喂食过程的安全与准确。

（二）健康监测。AI 通过可穿戴设备监测健康状况，提供实时警报和建议。AI 技术通过先进的可穿戴设备持续监测用户的健康状况，不仅提供即时的健康警报，还能根据监测结果给出专业的健康建议。这些智能设备能够全天候不间断地收集用户的生理数据，如心率、血压、睡眠质量等。同时，AI 算法会深入分析这些数据，并结合患者的医疗记录，如过往病史、家族遗传信息等，进行全面综合的评估。基于这些详尽的数据分析，AI 能够制订出高度个性化的护理计划，这些计划充分考虑了个体的行动能力、认知状态以及当前的健康状况。无论是对于需要特别关注的慢性病患者，还是对于追求健康生活方式的普通人，AI 都能提供恰到好处的健康指导和支持，确保每个用户都能得到最适合自己的护理方案。

八、社会参与与就业支持

截至 2024 年，我国持证残疾人就业人数达 914.4 万，而在校残疾大学生人数为 100 115 人。国家人力资源和社会保障部门正积极推动科技助残行动，以提升残障人士的社会参与感与经济独立性。

无障碍设计。AI 帮助设计师创建无障碍产品和服务，确保残障人士能够方便使用。AI 技术助力设计师在创建产品和服务时融入无障碍设计原则，确保残障人士能够轻松、方便地使用这些产品与服务。通过智能分析和预测，AI 能够理解不同残障类型的需求，如视觉、听觉或行动障碍，从而指导设计师在产品开发初期就考虑到无障碍性。这不仅提升了产品的包容性，还确保了残障人士能够享有与常人同等的便利和体验。广州市在交通出行领域，推出供残障人士使用的无障碍专车。这些专车与一般网约车相比更为宽敞，配备了斜坡踏板、旋转座椅等无障碍设施，乘客可以通过多种线上平台预约服务，大大提升了残障人士的出行便利性。在上海已经出现了一家盲人咖啡店，技术的进步不仅能为残障人士设计收银系统，各种小程序也能让他们实现无障碍接单。

职业培训。通过 VR 和 AI 技术提供职业技能培训，帮助残障人士就业。通过结合 VR（虚拟现实）和 AI（人工智能）技术，为残障人士提供创新且高效的职业技能培训，从而有效助力他们实现就业。这些技术不仅模拟了真实的工作环境，还根据残障人士的具体需求定制培训内容，使他们能够在安全、无障碍的环境中学习和掌握必要的职业技能。例如：Our Ability 通过为残障求职者提供可访问且直观的 AI 驱动的聊天机器人，以帮助他们识别技能并创建个人资料以匹配门户中发布的现有职位，从而促进包容性招聘。

九、创新技术与应用案例

（一）脑机接口。清华大学研发的脑机接口技术通过记录和解读大脑信号，帮助高位截瘫患者恢复运动功能。清华大学生物医学工程学院洪波教授带领团队设计研发的无线微创植入脑机接口 NEO（Neural Electronic Opportunity），通过记录和解读大脑信号实现大脑和计算机之间直接通信，为高位截瘫患者带来运动功能重建的希望，未来还有望拓展至脑卒中、癫痫等更多神经系统疾病患者。如果说 NEO 离百姓生活尚远的话，那么脑机接口的另一个应用分支，人工耳蜗植入则是听障人士触手可及的福音。人工耳蜗是一种通过电刺激听觉神经来恢复或改善听力障碍的生物医学电子设备，适用于内耳毛细胞损伤但听觉神经功能尚存的人群。接受了人工耳蜗植入的患者经过康复训练，可以无缝融入健康人群像正常人一样生活。随着医疗设备国家集采的落地，人工耳蜗单侧植入从 15-30 万元的高额费用大幅下降，并且部分省市已经纳入医保，一些经济发达地区设有人工耳蜗康复救助项目，凡符合救助条件的听障患儿经个人申请、专家审核后即可获得此项救助。

（二）人工智能喉。清华大学的人工智能喉设备通过人工智能实现高精度的语音识别和合成,帮助失去发声能力的患者重新获得语言交流能力。一枚硬币大小的石墨烯片就能帮助语音障碍者重获新"声"。清华大学集成电路学院任天令教授团队研发的可穿戴智能人工喉设备,不仅能收发声音分辨低吟、尖叫、咳嗽、吞咽、点头等动作,还能通过人工智能实现高精度的语音识别和合成,将这些"无含义声音"转换为频率、强度可控的声音,实现声音输入到输出的闭环,并通过示波器实时观测喉部运动情况,帮助失去发声能力的患者重新获得语言交流的能力,让失声者把喉咙"穿戴"在身上。

(三)自闭症早期诊断。谷歌旗下的DeepMind利用AI技术分析儿童的行为模式,显著提高了自闭症的早期诊断准确率。谷歌旗下的DeepMind公司利用AI技术分析儿童的行为模式、语言发展、社交互动等多维度数据。他们构建的深度学习模型,能捕捉到极其细微的异常,相较于传统诊断方式,准确率大幅提升。例如,通过分析幼儿在家中的日常视频记录,AI可以标记出那些可能预示自闭症的重复性行为、眼神回避等特征,将自闭症的早期诊断平均提前了数月之久,为早期干预赢得了宝贵时间。

(四)智能助听器。科大讯飞的智能助听器通过AI降噪和语音增强技术,帮助听障人士在嘈杂环境中更好地沟通。我国科大讯飞公司在听障人士沟通交流辅助领域取得了显著成就。该公司研发的"讯飞听见"智能助听器,内置了顶尖的AI降噪及语音增强技术。即便置身于如商场、车站般嘈杂的环境中,这款助听器也能凭借AI算法精准地区分人声与背景噪声,并将清晰的声音即时传递给佩戴者。此外,它还配备了实时字幕显示功能,通过强大的语音识别模型,将周围人的讲话迅速转化为文字,并在配套设备上展示出来。这一功能使得听障人士无论是在会议中、观看演出时,还是日常交流时,都能毫无障碍地接收信息,紧跟对话节奏,从而顺畅地融入其中。

十、未来发展方向

技术融合。多种技术相互耦合,融合发展。通过语音、视觉、触觉等多种交互方式巧妙的结合,为用户在多个维度上提供更全面、更细致的支持。

个性化与普及化。根据残障人士的个体需求提供定制化支持,并通过技术进步降低成本。个性化与普及化并重。我们致力于根据残障人士的个体需求提供量身定制的支持，确保每位用户都能获得最适合自己的服务。同时，通过持续的技术进步和规模效应，不断降低成本，使这些定制化的解决方案更加普及，惠及更广泛的残障人士群体。

在科技飞速发展的当下，AI 宛如一盏明灯，照亮了残障人士前行的道路，成为他们融入生活、追逐梦想的强大助力。随着人工智能在残障服务中的应用不断拓展，AI 在残障服务领域的应用将更加智能化和普及化。从日常生活到社会参与，显著提升了残障人士的独立性和生活质量。而在以社会福祉作为设计核心的背景之下，AI 也将成为一种为人类赋能、赋权的重要工具，逐渐勾勒出我们社会所期待的新型技术方案。

3.2 虚拟现实与增强现实技术在残障服务中的应用前景

虚拟现实（VR）与增强现实（AR）技术在残障服务中的应用前景广阔，已经在多个领域展现出显著的潜力和实际应用价值。以下是其主要应用方向和未来发展趋势：

一、康复训练

（一）运动康复。VR 技术通过创建沉浸式环境，模拟真实世界的康复场景，帮助肢体残障人士进行运动功能恢复训练。例如，德国柏林弗朗霍费尔研究所开发的 Haptic Walker 机器人系统结合 VR 技术，模拟行走、上下楼梯等场景，提高患者的康复兴趣和效果。虚拟现实（VR）技术可以创建一个沉浸式的环境，为残疾人提供一种全新的康复训练方式，这种方式在一定程度上模拟真实世界的环境，不仅能够提高残疾人的康复参与度，还能为患者提供更加个性化和有效的康复方案。自由沉浸式的环境有助于提升残疾人的日常生活能力。虚拟现实技术的应用，有望帮助长时间没有或从未感受过自主行走的患者重新进行行走概念的学习，再配合量身定制的外骨骼机械假肢，连接头盔获取大脑信号进行行走。残疾人通过戴上 VR 头盔，可以进入一个仿真的虚拟环境中，与周围环境进行交互。这种方式不仅能够提高患者的康复效率，还能够在一定程度上增加患者的自信心和社交能力。

（二）认知康复。VR 技术在认知障碍康复领域展现出显著潜力。VR 可用于认知功能障碍的康复训练，如记忆功能训练和注意力提升。例如，广州科安康复科技有限公司开发的虚拟现实认知康复训练系统，涵盖多种康复场景，为患者提供个性化训练方案。模拟真实生活场景是 VR 认知训练的一大优势，通过创造如超市购物、使用公共交通或安排日常家务等活动的虚拟环境，患者可以在接近真实的情境中练习和提升日常生活中所需的认知技能。VR 认知康复通过刺激特定脑区，如前额叶和海马，促进大脑重塑，从而改善注意力、记忆力、视觉空间能力和执行功能。VR 技术通过模拟多样化的虚拟环境和提供沉浸式体验，不仅改善了认知功能评估的精确度和效率，还在多种疾病引起的认知功能障碍中显示出促进认知功能康复的显著疗效。

（三）心理康复。VR 技术可用于心理障碍的辅助治疗，如自闭症儿童的社交技能训练。以色列海法大学研发的 VR 系统通过设计不同场景，帮助自闭症儿童提升安全过马路等生活技能。自闭症（孤独症谱系障碍，ASD）儿童大多有社交障碍、言语发育迟缓、兴趣爱好狭窄、行为动作单调刻板等问题，较难融入社会。在 VR 技术所提供的社交环境中，ASD 患者不必担心错误和拒绝，也不会有高强度的焦虑，从而拥有更强的参与意愿，并通过不断地练习掌握正确的社交技巧和回应方式，建立起与他人维持关系的信心，进而起到很好的治疗效果。VR 训练系统，从认识到情绪识别再到高级的社交场景，根据患儿的能力进行渐进性的训练。最终达到融入社会的目标。该技术不仅能营造出逼真的画面，还能模拟出声音，模拟现实场景，通过相关设备和传感技术与患者进行交互，同时还可以通过计算机手段设计个性化的触发诱因。沉浸式的虚拟现实环境能够极大地激发患者的想象力，并提升他们的参与意愿，促使他们在虚拟空间中主动探索与体验。这种环境以一种既安全又可控的方式，逼真地再现了日常生活中的各种场景。通过这种方式，患者能够以较低的成本反复暴露于这些场景中进行学习，这构成了治疗过程中的关键环节。

二、视听障碍辅助

（一）视障辅助。AR 技术通过将虚拟元素叠加到真实世界中，帮助视障人士更好地感知环境。例如，Acesight AR 助视器利用增强现实技术结合 AI 算法，重建患者视觉，提升低视力用户的视力水平。Acesight AR 助视器通过前置摄像头捕捉真实场景，利用内置的专业图像处理芯片和 AR 技术，对图像进行处理和增强，突出关键影像，帮助视障人士更好地识别和区分物体，该设备在指引导航、辅助阅读以及执行日常活动方面提供了极大的便利与帮助。其独特的设计和功能使得视障人士在日常生活中能够更加独立和自信地行动。

（二）听障辅助。AR 设备如"听语者"AR 字幕眼镜，可实时将对话声音转译为文字，帮助听力受损人群更好地进行日常沟通。听语者是一款集成了双目波导技术的无线 AR 眼镜，整机重量轻盈，不足 80 克。它配备有高透明度的显示屏，能够实现即时的语音转写功能，可以帮助听力受损人群、听力下降的老人和跨国交流人群扫除沟通障碍。此外，听语者在视觉体验上也表现出色，其优化的入眼亮度、透光度以及漏光控制，确保用户在清晰阅读字幕的同时，也能保持对周围环境的良好感知。

三、生活与工作辅助

（一）生活技能训练。VR 技术可用于生活技能训练，如模拟购物、烹饪等场景，帮助残障人士提升独立生活能力。生活技能训练是残障人士融入社会、提升自我照顾能力的重要环节。VR 技术可以应用于模拟各种真实生活场景，如模拟购物决策过程、烹饪步骤实践等，以直观且安全的方式帮助残障人士逐步掌握这些技能。通过高度仿真的虚拟环境，残障人士可以在没有实际风险的情况下反复练习，从而有效提升他们的独立生活能力，增强自信心，为他们更好地融入社会打下坚实基础。

（二）职业技能培训。VR 和 AR 技术可用于残障人士的职业技能培训，如烘焙、手工制作等，帮助他们更好地融入社会。职业技能培训是残障人士实现自我价值、融入社会的重要途径。VR（虚拟现实）和 AR（增强现实）技术在这一领域的应用，为残障人士提供了全新的学习平台。通过模拟烘焙、手工制作等职业技能的实际操作场景，VR 和 AR 技术不仅能让残障人士在虚拟环境中安全、无风险地练习，还能通过视觉、听觉等多感官刺激，加深他们对技能的理解和掌握。这种创新的培训方式，有助于他们掌握职业技能，拓宽就业渠道，更好地融入社会。

四、社交与心理支持

（一）虚拟社交：VR 技术为残障人士提供了一个虚拟的社交平台，帮助他们克服身体障碍，增强社交能力和自信心。

（二）心理安抚：通过创建安全、可控的虚拟环境，VR 技术可用于缓解残障人士的心理压力，提升心理健康。

五、未来发展趋势

（一）个性化与定制化。随着技术的进步，VR 和 AR 设备将更加轻便、高效，能够根据残障人士的具体需求提供个性化服务。个性化与定制化服务是未来技术发展的重要趋势。随着 VR（虚拟现实）和 AR（增强现实）技术的不断进步，相关设备将更加轻便、高效，从而能够更灵活地应用于残障人士的生活与培训中。这些技术将能够深入分析残障人士的具体需求，从视觉、听觉、触觉等多方面提供量身定制的服务，确保每位残障人士都能获得最适合自己的体验和支持，进一步提升他们的生活质量和社会参与度。

（二）多模态交互。结合语音、手势、眼动等多种交互方式，VR 和 AR 技术将为残障人士提供更自然、更便捷的使用体验。多模态交互技术的发展，将 VR（虚拟现实）和 AR（增强现实）技术的使用体验提升到了新的高度。通过巧妙结合语音指令、手势识别、眼动追踪等多种交互方式，这些技术能够为残障人士打造更加自然、更加便捷的操作环境。无论是通过语音控制虚拟环境中的对象，还是通过手势进行细致的操作，甚至是利用眼动来选择目标，多模态交互都能确保残障人士在虚拟世界中自由、流畅地互动，从而极大地提升他们的使用体验和满意度。

（三）无障碍设计。未来，VR 和 AR 技术在开发初期将更多地考虑无障碍性，确保残障人士能够更平等地享受技术带来的便利。无障碍设计将成为 VR（虚拟现实）和 AR（增强现实）技术未来发展的关键方向。在技术的开发初期，开发者将更加注重无障碍性，确保残障人士能够更平等、更顺畅地享受技术带来的便利。这意味着，从设计之初，VR 和 AR 技术就将充分考虑残障人士的实际需求，通过优化界面设计、完善交互方式等手段，为他们提供无障碍的访问和使用体验。

六、政策与市场支持

（一）政策推动。政策推动是 VR（虚拟现实）和 AR（增强现实）技术在残障服务领域快速发展的关键力量。近年来，国家政策对 VR 和 AR 技术在残障服务中的应用给予了高度重视，并出台了一系列相关政策以指导和支持其发展。例如，国家发布的《虚拟现实与行业应用融合发展行动计划（2022—2026 年）》中，就明确提出了要推进虚拟现实技术在残障辅助、康复训练等领域的应用，旨在通过技术创新提升残障人士的生活质量和社会参与度，为他们创造更加包容、便捷的数字环境。

（二）市场潜力。随着技术的成熟和应用场景的拓展，VR 和 AR 在残障服务领域的市场规模有望进一步扩大。随着 VR（虚拟现实）和 AR（增强现实）技术的不断成熟以及应用场景的持续拓展，其市场潜力巨大。技术的革新正逐步解锁新的应用可能，为残障人士提供更加多样化、个性化的服务，从而推动市场需求不断攀升。

总体而言，VR（虚拟现实）和 AR（增强现实）技术在残障服务中的应用前景极为广阔。这些技术不仅能够显著提升残障人士的生活质量，让他们在日常生活中享受到更多的便利与乐趣，还能有效帮助他们克服障碍，更好地融入社会大家庭。随着技术的持续进步以及相关政策的不断支持，未来 VR 和 AR 技术将在残障服务领域发挥更加显著且深远的影响，为残障人士开启一个充满无限可能的新时代。

第四节　技术实践中的伦理风险与隐私保护

4.1　技术应用中的伦理风险

在新兴技术的应用中，伦理风险是不可忽视的重要问题。以下是针对 VR 技术和脑机接口技术在应用中可能面临的伦理风险的分析：

一、VR 技术的伦理风险

(一)个人层面的伦理风险

1. 生理健康风险。长时间使用 VR 设备可能导致眼睛疲劳、颈椎病等健康问题。此外,高沉浸度体验可能引发晕动症、平衡失调等生理不适。长时间不间断地使用 VR(虚拟现实)设备可能会带来一系列健康问题。首先,由于 VR 设备需要用户长时间注视屏幕,这往往会导致眼睛干涩、视力模糊等眼睛疲劳症状,严重时还可能影响视力。其次,不正确的使用姿势,如长时间低头或保持同一姿势,容易增加颈椎负担,从而引发颈椎病,表现为颈部疼痛、僵硬乃至手臂麻木等症状。此外,VR 技术提供的高度沉浸度体验虽然令人着迷,但也可能成为生理不适的诱因。部分用户在体验过程中可能会感到晕动症,表现为恶心、呕吐等不适感,这是由于大脑在处理虚拟与现实世界的视觉信息时发生冲突所致。同时,长时间处于虚拟环境中还可能干扰人体的平衡感,导致平衡失调,增加跌倒等意外的风险。

2. 心理健康风险。过度沉迷于虚拟世界可能导致用户对现实世界的参与度下降,甚至引发焦虑、抑郁等心理问题。此外,虚拟与现实的界限模糊可能影响个体的心理状态。过度沉迷于虚拟世界,用户可能会逐渐减少对现实世界的参与和投入,这不仅会导致社交活动的减少,还可能削弱与现实世界中家人、朋友之间的联系,进而引发孤独感和社交隔离。长此以往,这种与现实世界的脱节可能进一步加剧用户的心理负担,诱发焦虑、抑郁等心理问题,表现为情绪低落、兴趣丧失、自我价值感下降等。此外,虚拟与现实的界限模糊还可能深刻影响个体的心理状态,使用户在两者之间难以切换,产生认知混乱和身份认同的困扰,有时甚至会让人在现实与虚拟的交错中感到迷茫和不安。

(二)个体与社会互动层面的伦理风险

1. 社会冷漠与责任感缺失。虚拟世界中的匿名性和虚拟身份的可塑性可能导致用户在虚拟空间中缺乏责任感,甚至出现暴力、恶意攻击等行为。在虚拟世界中,由于高度的匿名性和虚拟身份的可塑性,用户往往可以隐藏自己的真实身份,这种特性可能导致一些用户在虚拟空间中缺乏应有的责任感。他们可能不再像在现实生活中那样约束自己的行为,甚至可能放纵自己,出现暴力倾向、恶意攻击他人等不良行为。这些行为不仅破坏了虚拟社区的和谐,还可能对用户自身的道德观念和心理健康造成负面影响。

2. 虚拟身份与现实身份混淆。用户在虚拟世界中创建的虚拟身份可能与现实身份存在显著差异，这种混淆可能导致个体的道德和伦理观念发生变化。用户在虚拟世界中创建的虚拟身份，往往与现实身份在性格、外貌乃至社会地位等方面存在显著差异。这种身份上的混淆，可能会使个体在虚拟与现实的边界上游走，逐渐模糊两者之间的界限，从而导致其道德和伦理观念发生微妙的变化。一些用户可能会因为虚拟身份的"自由"和"无拘束"而逐渐放松对道德底线的坚守，进而在行为上表现出与现实世界截然不同的态度。

（三）社会制度层面的伦理风险

1. 隐私保护问题。用户在虚拟空间中产生的大量数据（如行为数据、情感数据、个人身份信息等）面临隐私泄漏风险。用户在虚拟空间中活动时会产生大量数据，这些数据包括但不限于行为数据、情感数据以及个人身份信息等，它们均面临着严重的隐私泄漏风险。由于虚拟环境的复杂性和技术的局限性，这些数据很容易被不法分子窃取或滥用，进而威胁到用户的个人隐私安全。

2. 知识产权问题。虚拟现实平台的内容创作与知识产权保护面临挑战，盗版与侵权现象时有发生。虚拟现实平台的内容创作领域蓬勃发展，但与此同时，知识产权保护面临着严峻挑战。盗版内容的快速传播和侵权行为的频发，不仅损害了原创者的经济利益，也挫伤了内容创作者的积极性，阻碍了整个行业的健康发展。

3. 数字鸿沟加剧。技术的分配不均可能进一步加剧社会阶层的割裂与贫富差距。技术的分配不均可能导致资源获取机会的差异，数字鸿沟加剧，从而进一步加剧社会阶层的割裂与贫富差距。那些能够率先接触并有效利用新技术的群体，往往能够在经济、教育等多个领域占据优势，而技术匮乏的群体则可能面临更多障碍，难以改善自身处境。

二、脑机接口技术的伦理风险

（一）技术与人体融合的伦理挑战

1. 技术边界模糊。脑机接口技术将神经技术与人体深度融合，模糊了精神与物质、人类与技术的边界。脑机接口技术的突破性进展，实现了神经技术与人体前所未有的深度融合，这一创新极大地模糊了精神与物质、人类与技术之间的传统边界。

2. 潜在滥用风险。脑机接口技术可能被用于非医疗目的，例如认知增强或行为控制，这可能引发伦理争议。脑机接口技术，凭借其强大的潜力，可能被拓展应用于非医疗领域，如认知增强或行为控制，这些应用前景虽诱人，但无疑会引发广泛的伦理争议。人们担忧，技术的滥用可能侵犯个人自由，改变人类本质，甚至加剧社会不平等。

（二）数据隐私与安全

1. 神经数据泄露。脑机接口设备采集的大脑信号数据可能被未经授权访问，导致隐私泄露。脑机接口设备在运作过程中采集的大脑信号数据，包含了高度私密和敏感的个体信息，这些数据一旦被未经授权的人员或机构访问，将直接导致个人隐私的严重泄露，带来不可预估的后果。

2. 数据滥用。神经数据的深度采集可能被用于推断和干预个体的心智和思想，这需要明确伦理界限。神经数据的深度采集技术，若被不当使用，可能被用于精确推断和潜在干预个体的心智状态与思想活动，这迫切需要我们在技术进步的同时，明确并坚守伦理界限，以保障个体自由与隐私不受侵犯。

（三）对人类尊严与人格完整的影响

1. 主体性冲击。脑机接口技术可能对个体的尊严和人格完整造成冲击，必须划定科技伦理底线。脑机接口技术的快速发展与广泛应用，可能对个体的尊严和人格完整构成潜在冲击，因此，在追求科技进步的同时，我们必须审慎地划定科技伦理的底线，确保技术发展不会侵犯人的基本权利与尊严。

2. 增强技术的伦理限度。认知增强技术的可及性、个人心智特征改变的自决权等问题需要进一步探讨。认知增强技术的可及性及其带来的社会影响，以及个人对于自身心智特征改变的自决权等问题，需要社会各界进一步深入探讨，以确保技术的健康发展并维护个体的自主权利。

三、应对措施

（一）技术治理与伦理规范

1. 多方协同治理。政府、科技企业、心理学研究机构与教育部门应常态化协作，共同制定伦理规范和监管措施。政府、科技企业、心理学研究机构以及教育部门应当建立起常态化的协作机制，共同参与到伦理规范的制定与监管措施的实施中来。通过多方协同治理的模式，集合各方的专业智慧与资源优势，确保技术发展既高效又符合伦理标准。

2. 伦理审查机制。对于侵入式脑机接口技术等高风险应用，需进行更严格的伦理审查。建立伦理审查机制，特别是对于侵入式脑机接口技术等高风险、高敏感性的应用，必须实施更为严格且全面的伦理审查，以确保技术的安全性和伦理性，同时保护受试者的权益。

（二）用户教育与自我管理

1. 提升伦理意识。通过教育和赋能，增强用户对新兴技术的伦理意识，避免沉迷和滥用。加强伦理教育，通过系统的教育和有效的赋能措施，增强用户对新兴技术，特别是脑机接口等前沿科技的伦理意识，帮助他们建立正确的使用观念，从而有效避免技术沉迷和滥用现象的发生。

2. 合理使用建议。用户应合理规划使用时间，避免长时间沉浸于虚拟环境。用户应合理规划并控制自己在虚拟环境中的使用时间，避免长时间连续沉浸，以维护身心健康。

（三）技术优化与隐私保护

1. 优化设备设计。通过技术创新减少 VR 设备对健康的负面影响。通过持续的技术创新，不断优化 VR 设备的设计和使用体验，从而减少其对用户健康的潜在负面影响。

2. 加强数据保护。建立严格且全面的数据保护机制，以有效防止脑机接口技术中的神经数据被非法获取或泄露。

总之，新兴技术在极大提升生活品质与工作效率的同时，也不可避免地带来了一系列复杂且深远的伦理挑战。面对这些挑战，我们唯有通过实施科学的伦理审查机制、强化技术治理以及加强用户教育，才能确保这些创新技术在持续推动人类福祉进步的同时，最大限度地规避和减轻潜在的伦理风险。

4.2 残障群体的隐私保护与数据安全

残障群体的隐私保护与数据安全是当前数字化社会中亟待关注的重要问题。以下是基于最新研究和实践的分析与建议：

一、残障群体隐私保护与数据安全面临的挑战

（一）数据收集与使用中的风险

残障群体在使用专门为他们设计的数字技术和服务时，往往需要详细提供个人的健康状况、残疾类型等敏感信息。这些信息一旦遭到泄露，可能会被不法分子或不良机构用于歧视性行为，或是在未经授权的情况下用于不恰当的商业目的，从而给残障群体带来额外的伤害与不便。

（二）技术依赖与隐私意识不足

残障群体对辅助技术的依赖程度普遍较高，然而，部分用户可能由于信息获取渠道有限或隐私保护教育不足，缺乏足够的隐私保护意识。这导致他们在使用辅助技术时，容易在不知情或未充分理解风险的情况下，不经意间暴露个人的敏感信息。

（三）数字鸿沟与技术可及性问题

残障群体在获取和有效使用数字技术的过程中，往往面临比常人更多的物理或认知障碍，这在一定程度上限制了他们接触和学习隐私保护工具的能力，进而可能导致其难以充分利用这些工具来保护个人隐私。

（四）法律与政策执行不足

尽管已有相关法律法规明确旨在保护残障群体的隐私权，但在实际执行过程中，仍存在着一定的不足之处，特别是在数据加密的严密性、访问控制的精细度等关键方面，仍需进一步完善和加强。

二、保护残障群体隐私与数据安全的措施

（一）技术手段

1. 运用加密技术。采用 HTTPS 等先进的加密协议，确保数据在传输过程中的隐私得到充分保护，防止信息被未经授权的第三方窃取或篡改。

2. 多重身份验证。通过 OAuth2.0 等授权机制，为用户提供额外的安全验证步骤，从而显著增强账户的安全性，有效防范未经授权的访问。

3. 数据最小化原则。在数据处理过程中，仅收集并存储实现特定目的所必需的信息，避免过度采集无关数据，以减少隐私泄露的风险。

（二）政策与法律保障

加强对残障群体隐私保护的立法工作，明确界定个人信息在收集、存储和使

用过程中的合法边界，确保其隐私权得到充分尊重与保护。同时，积极推动无障碍数字环境的建设，通过优化技术设计与服务流程，确保残障群体能够平等、便捷地享受各类数字服务，缩小数字鸿沟。

（三）教育与培训

提高残障群体的数字素养，具体包括教授他们识别网络诈骗的常见手段及隐私泄露的风险点，从而增强其自我防范意识，避免成为不法分子的目标。同时，对相关企业和机构进行严格的隐私保护培训，确保其在为残障群体提供服务时，能够严格遵守隐私保护法规，切实保障残障人士的隐私权益。

（四）多方协作

政府、企业、社会组织以及残障群体自身应携手并进，共同参与隐私保护的建设，形成多方共建、共治、共享的良性互动格局。此外，还需建立一套行之有效的反馈机制，及时收集各方意见与建议，以便持续改进隐私保护措施，确保其更加贴合实际需求。

三、未来发展方向

（一）技术赋能。着力开发更多专为残障群体设计的隐私保护工具，如创新的语音提示功能、智能屏幕阅读器等辅助功能，以满足不同残障类型用户的特定需求。

（二）伦理考量。在技术设计和实际应用过程中，应充分考虑残障群体的特殊需求与限制，确保技术不仅无障碍，而且友好，从而避免可能因设计不当而给残障群体带来的二次伤害。

（三）国际经验借鉴。参考欧盟等先进地区在推动数字无障碍环境建设和隐私保护方面的先进经验与成功案例，保障残障群体的切身利益。

总之，保护残障群体的隐私与数据安全是一项系统工程，需要技术革新、政策引导以及社会各界的共同努力。只有通过实施多维度的保护措施，构建一个既安全又包容的数字环境，才能确保残障群体在数字化时代中能够安全、平等地享受技术革新带来的诸多便利。

第六章

典型案例分析：国内外公共图书馆的实践探索

第一节　国际案例分析

1.1　美国图书馆协会的残障服务项目

美国图书馆协会（American Library Association，简称ALA）在残障服务方面开展了多项项目和计划，致力于为残障人士提供平等的图书馆服务和资源。以下是其主要的残障服务项目：

一、图书馆改造社区计划（Libraries Transforming Communities）

该计划是ALA的重要倡议之一，旨在通过改善图书馆的无障碍设施和服务，提升残障人士的使用体验。2022年，ALA启动了"图书馆改造社区：无障碍小型及农村社区"项目，向美国本土及海外领地的服务于小型和农村社区的各类图书馆提供补助金。向小型和农村图书馆发放的700多万美元补助金，用于完善无障碍设施、提高服务水平和开展无障碍阅读项目。该项目要求图书馆首先举办社区意见征集会，以确保服务满足当地残障人士的需求。

二、全球残障服务图书馆（Global Disability Resources Library，简称GDRL）

该项目由ALA联合美国残障国际委员会（USICD）共同启动，旨在为残障人士提供更广泛的数字资源和服务，主要服务于发展中国家及偏远社区中缺乏稳定互联网连接的残障人士服务机构，提供的信息资源包括残障人士独立生活指导、残障权利倡导、教育培训、出行辅助、公共政策解读、就业指导和专业康复训练等多个主题。该项目通过建立数字化的残障服务资源库，支持残障人士获取信息和教育资源，同时推动图书馆服务的国际化和无障碍化。

三、国家盲文图书馆（National Library Service for the Blind and Print Disabled，简称 NLS）

NLS 是美国为残障人士提供服务的国家图书馆网络的核心机构，拥有超过 5.3 万种不同题材的有声读物和盲文读物。该网络包括 4 个州中心、56 个地区图书馆和 101 个市（县）级图书馆，为视障和行动不便的读者提供盲文书、有声读物、音频播放设备等。此外，NLS 还与美国邮政局合作，为残障人士提供免费邮寄服务。

四、无障碍设施和服务的推广

ALA 积极推动图书馆的无障碍设施建设，包括无障碍通道、专用停车位、无障碍电梯等。此外，许多图书馆还配备了屏幕放大软件、语音合成器、听力辅助设备等，以满足不同残障群体的需求。

五、针对特定群体的服务

（一）视障读者。提供盲文图书、有声读物、点字杂志等资源。为了保障视障读者的阅读权益，图书馆及相关机构提供了一系列贴心资源，包括盲文图书等各种阅读材料，这些图书采用凸起的点字，让视障人士能够通过触摸来"阅读"；此外，还有丰富的有声读物，通过专业的录制与配音，将文字内容转化为声音，方便他们聆听与学习；同时，也备有点字杂志，涵盖新闻、文学、科普等多个领域，确保视障读者能够紧跟时代脉搏，享受多元化的阅读乐趣。

（二）听障读者。配备文本电话（TTY）、手语翻译服务等。图书馆及公共服务机构特别为听障读者配备了文本电话（TTY），这种设备能将语音信息转换成文字显示在屏幕上，便于听障人士进行电话交流；同时，还提供专业的手语翻译服务，无论是在日常咨询还是重要会议场合，都能确保听障读者能够顺畅理解信息、表达自我，享受无障碍的交流体验。

（三）认知障碍读者。为智障儿童提供多感官资料和低难度图书，为成年智障读者提供简单易懂的读物。为智障儿童提供丰富多样的多感官资料,如触感玩具、音乐盒和色彩鲜明的图片,以及文字简单、图画生动的低难度图书,以激发他们的学习兴趣;而为成年智障读者,则提供语言直白、内容浅显易懂、逻辑清晰的读物,帮助他们轻松理解和享受阅读的乐趣。

(四)行动不便读者。提供送书上门、邮寄图书、流动书车等服务。为了方便行动不便读者的需求,图书馆提供了一系列便捷的图书获取服务,包括送书上门服务,直接将读者所需的图书送至其家中;邮寄图书服务,让读者无需出门即可收到心仪的书籍;以及流动书车服务,将图书资源带到偏远或交通不便的地区,方便读者借阅。

六、教育培训与支持

ALA 还为图书馆工作人员提供无障碍服务的培训,帮助他们更好地为残障人士服务。一些图书馆还为残障人士提供电脑培训、辅助技术培训等。ALA 不仅致力于推广无障碍阅读,还为图书馆工作人员提供全面的无障碍服务培训,涵盖沟通技巧、特殊需求理解及辅助设备使用等方面,旨在帮助他们提升专业技能,从而更有效地为残障人士服务。此外,一些图书馆还进一步扩展服务范围,为残障人士专门开设了电脑基础操作培训、辅助技术软件应用培训等,确保他们能够充分利用现代科技资源,缩小数字鸿沟,享受更加自主和便捷的学习与生活。

七、法律支持与政策倡导

ALA 通过《美国残疾人法案》(ADA)等法律,确保图书馆为残障人士提供平等的信息获取和服务。这些法律为图书馆的无障碍服务提供了法律依据和政策支持。ALA 积极依托《美国残疾人法案》(ADA)等法律法规,确保图书馆能够为残障人士提供平等的信息获取机会和服务质量。这些法律不仅为图书馆的无障碍服务提供了坚实的法律依据,还明确了图书馆在设施改造、服务优化等方面的责任与义务,为图书馆无障碍环境的构建和服务的持续改进提供了强有力的政策支持。

通过多样化的项目和完善的服务,美国图书馆协会(ALA)持续努力,致力于为残障人士打造一个更加温馨、包容且无障碍的图书馆环境,确保他们能够在平等和尊重的氛围中自由获取知识与信息。

1.2 英国公共图书馆的包容性服务实践

英国公共图书馆在包容性服务方面进行了深入且富有创意的实践探索,他们为包括残障人士、老年人、少数民族以及低收入家庭等在内的不同社会群体提供平等、无障碍且贴心的图书馆体验。这些努力旨在打破传统服务的界限,确保每个人都能享受到知识带来的福祉。以下是英国公共图书馆在包容性服务方面所开展的一系列实践的主要内容概述。

一、数字包容服务

英国公共图书馆通过数字技术提升服务的包容性,确保无论是偏远地区还是中心城市的居民,各不同群体都能平等、便捷地获取丰富的信息和资源。例如,《2016—2021 年英国公共图书馆的雄心》报告提出,图书馆应当通过加强基础设施建设、开展针对性的技能培训和打造创意学习空间等多种途径,帮助社会各阶层的人们,尤其是那些处于数字鸿沟边缘的弱势群体,有效提升他们的数字素养。

此外,为了缩小数字技能的差距,英国公共图书馆还特别重视提供数字技能培训。针对老年人和残障人士等在使用在线服务时可能遇到的困难,图书馆专门设计了易于理解且操作性强的培训课程,帮助他们更好地掌握数字技能,从而更加自信地使用互联网和各类电子设备来访问图书馆资源。

二、残障读者服务

英国公共图书馆致力于为残障读者打造一个全面且细致的无障碍服务环境,确保每位读者都能享受到平等且无障碍的阅读体验。

在无障碍设施方面,大英图书馆等领先机构不仅配备了宽敞的无障碍通道和便捷的专用卫生间,还特别设置了听力辅助设备,如助听器、声音放大系统等,以满足听障读者的需求,为他们提供极大的便利。

在数字资源支持方面,大英图书馆与知名音频设备公司 Sennheiser 携手合作,共同推出了实时音频传输服务。这项服务使得听障人士无需依赖传统的字幕或文字说明,便能直接通过音频设备接收并理解信息,从而无障碍地参与图书馆的各类活动。此外,图书馆还与专业的数字服务提供商 AbilityNet 建立了合作关系，为残障读者提供量身定制的数字服务，包括个性化网站浏览辅助、定制化软件应用等，确保他们能够轻松访问并利用图书馆的丰富数字资源。

为了进一步提升残障读者的参与感和归属感，图书馆还定期举办各类无障碍活动。例如，在展览中提供音频描述服务，让视觉障碍者能够通过声音了解展品的信息和背景；在手语翻译活动的帮助下，听障读者能够更自由地与其他人交流互动。这些贴心且周到的服务举措，确保了残障读者能够充分参与并享受图书馆提供的每一项精彩活动。

三、特殊儿童服务

英国公共图书馆特别关注特殊儿童的需求，积极提供量身定制的数字阅读资源和服务，旨在为他们打开知识的大门，享受阅读的无限乐趣。

在数字阅读推广方面，图书馆特别为视力和听力障碍儿童精选了一系列有声电子书和特制电子绘本。这些资源不仅内容丰富多样，涵盖了科普知识、童话故事、文学作品等多个领域，还采用了先进的音频技术和易于理解的视觉设计，让特殊儿童能够轻松获取并享受阅读的快乐。

针对阅读障碍儿童，英国公共图书馆更是倾注了大量心血。他们开发了专业化的数字阅读推广项目，精心挑选并设计适合这类儿童的阅读材料。这些材料不仅语言简洁明了，还融入了趣味性的插图和互动元素，以激发阅读障碍儿童的兴趣和积极性，帮助他们克服阅读障碍，逐步培养阅读能力和自信心。

四、老年人与闭居者服务

英国公共图书馆采取多种创新方式，全方位满足老年人和闭居者的多样化需求：

在健康与医疗信息方面，图书馆积极与国家医疗服务系统（National Health Service System，简称 NHS）等专业机构合作，引入并推荐心理健康书籍、健康指南手册以及权威的健康信息视频等资源。这些资源不仅涵盖了疾病预防、日常保健、心理健康等多个方面，还结合了最新的医疗研究成果和实用建议，为老年人和闭居者提供科学、可靠的健康指导。

为了提升阅读体验，图书馆还贴心地提供了一系列无障碍服务。这包括大字版书籍，让视力不佳的老年人能够轻松阅读；有声读物，让听书成为一种愉悦的享受；以及盲文书籍，为视障读者搭建起通往知识世界的桥梁。这些无障碍资源确保了每位读者都能以最适合自己的方式获取所需信息。

此外，针对行动不便或无法亲自前往图书馆的老年人和闭居者，图书馆推出了便捷的送书上门服务。只需一个电话或在线申请，读者就能在家中收到精心挑选的图书资料，真正实现了足不出户也能享受阅读的便捷。

五、多元文化服务

英国公共图书馆高度重视文化多样性，致力于打造一个包容和谐的阅读环境。它们不仅提供丰富的多语言书籍，涵盖英语、中文、法语、西班牙语等多种语言，还配备多语言服务团队，确保来自不同文化背景的读者都能获得贴心、专业的帮助。此外，图书馆定期举办多元文化活动，如国际美食节、民族舞蹈表演、传统节日庆典等，旨在增进读者对不同文化的了解和尊重，满足他们多样化的精神文化需求。

六、馆员和志愿者培训

为确保服务质量，英国公共图书馆高度重视对馆员和志愿者的专业培训，特别是在无障碍服务方面。通过系统的培训课程，馆员和志愿者能够深入了解残障读者的特殊需求，学习并掌握如何更好地为他们提供支持。这包括学习使用辅助设备、掌握有效的沟通技巧，以及了解如何在确保读者隐私的前提下，提供必要的协助。这样的培训不仅提升了图书馆的整体服务水平，也让残障读者在图书馆中能够享受到更加贴心、无障碍的阅读体验。

七、跨机构合作

英国公共图书馆积极与政府机构、社区组织及慈善机构等广泛合作，共同构建了一个多元化、全方位的服务网络。这一网络不仅增强了图书馆的服务能力，更为不同群体，包括儿童、老年人、残障人士等，提供了更加全面、细致的支持。通过合作，图书馆能够整合各方资源，为读者带来更多元化的阅读材料和更丰富的文化活动，进一步提升公共图书馆的社会价值和影响力。

总　结

英国公共图书馆的包容性服务实践深刻体现了其对平等、无障碍和多元化价值理念的高度重视。通过运用先进的数字技术、提供个性化的服务方案，以及积极与不同机构展开跨领域合作，图书馆为各类读者群体，无论年龄、能力或背景，都精心准备了丰富且多样化的服务内容。这些努力确保了每个人都能轻松访问并充分利用图书馆资源，从而享受到既贴心又高质量的图书馆体验。

1.3 日本图书馆的无障碍服务经验

日本公共图书馆无障碍服务经过较长时间的实践发展，在无障碍服务方面积累了丰富的经验，已经建立起相对完备的无障碍环境、具有相对健全的无障碍法律体系和形成了多方协作权责分明的发展现状。以下是一些主要的经验和做法：

一、完善的法律法规保障

日本通过一系列法律法规为无障碍服务提供了坚实的制度保障。例如，1950年《图书馆法》明确规定要为视力障碍者提供无障碍服务。2013年颁布的《消除残疾人歧视法》规定公共图书馆等公共机关有义务为特殊需求者提供合理便利。2018年，《著作权法》再次修订进一步推动了无障碍服务的发展。

二、全面的无障碍环境建设

日本图书馆的无障碍环境建设非常完善，其无障碍环境建设全面、系统而且连续，这不仅包括图书馆内部环境，还延伸到周边环境。从图书馆周围的无障碍设施到馆内的建筑设计以及设施设备等，都以满足读者多样性需求为中心，把特殊读者的便利置于无障碍服务核心。

（一）外部环境。为了减少特殊需求读者进入图书馆的障碍，图书馆在外部设施上采取了多项贴心措施。首先，在周边的公共交通站点，专门设置了盲人通道，并在交通信号灯中增加了音响提示，以满足特殊读者的出行需求。其次，在停车场、洗手间等公共设施的设计上，也充分考虑了特殊读者的便利性，比如设置了残障人士专用的停车位和洗手间。再者，在图书馆的出入口处，设置了斜坡、引导门铃和对讲机，配备了通用电梯，确保特殊读者能够顺利进出。最后，对于无法独立到达图书馆的特殊读者，图书馆还提供了接送服务。在图书馆门口的指引手册中，除了常规的文字说明外，还特别添加了盲文和象形图，并精心考虑了色彩搭配和悬挂位置，以便特殊读者能够轻松获取所需信息。

（二）内部环境。在图书馆内部，进行了多方面的优化以更好地服务于特殊需求读者。首先，对公共图书馆的空间布局进行了改造，包括在一楼设立了咨询台、对面朗读室、儿童专属阅读区以及录音室等，同时在楼层间设置了便捷的通道，最大限度地减少了特殊需求读者在空间移动上的障碍。其次，完善了馆内的公共设施。例如，安装可调节高度的书架，以适应不同读者的需求；在图书馆的广播系统和公告板上，增加了闪光灯和语音指导功能，以确保信息的无障碍传递。此外，还提供丰富的辅助阅读设备。这些设备包括老花镜、放大镜以及阅读台等，这些设备设施专为老年人以及视觉障碍者设计，以实现无障碍阅读。同时，图书馆内还配备了智能电脑、盲文显示器、语音读书机、DAISY再生机以及立体打印机等多种高科技设施，读者可以根据自己的实际需求进行选择和使用。

三、丰富的无障碍信息资源

日本图书馆专注于为特殊需求者打造一个全面且贴心的信息获取环境，提供多样化的信息资源以满足不同读者的需求。

在纸质资源方面，图书馆精心挑选并收藏了丰富的盲文图书，这些图书通过触觉的方式让视障读者能够"阅读"；大字版图书则针对视力不佳的老年人或读者，通过增大字号使他们能够轻松阅读；此外，绘本书籍以生动的图画搭配简洁的文字，为儿童读者尤其是视障儿童打开了认知世界的新窗口。

在数字资源领域，日本图书馆同样不遗余力。通过先进的DAISY播放器，图书馆为听障读者提供了丰富的有声读物，让他们能够"聆听"书中的精彩内容。同时，图书馆还建立了全面的电子资源库和无障碍网页，这些网页经过特殊设计，使得残障读者能够更加方便地浏览和获取信息。为了进一步提升数字资源的可访问性，图书馆还配备了屏幕阅读器、语音识别器等辅助工具，这些工具能够帮助残障读者更加高效地利用电子资源，享受与普通读者一样的阅读服务。

四、专业的服务团队和志愿者体系

在日本公共图书馆不断推进创新与发展的进程中，人才资源的构建与管理被视作一个重要的环节。具体来说，这些图书馆着重于整合内部的专业图书馆员与外部志愿者资源，共同构建一个专业化的服务团队。

日本公共图书馆打造专业性人才队伍的措施主要有以下几个方面。首先是配备专为特殊读者群体服务的工作人员，这些人员不仅负责对面朗读、制作和采购特殊资料、编制图书馆使用手册等日常工作，还承担制定针对特殊需求读者的个性化服务方案的任务。其次，日本公共图书馆每年均会为馆内员工安排专业培训，内容涵盖特殊读者服务的核心理念、无障碍服务的基础知识和应用技巧，确保所有馆员都能掌握专业的服务知识和理念。此外，都道府县图书馆及其相关机构还会定期举办专题研讨会，议题包括无障碍服务相关的法律法规、信息技术的运用、图书馆服务的现状分析与未来规划等，旨在帮助馆员不断更新服务理念，以适应时代的发展需求。再者，公共图书馆也为残障人士提供了就业机会，例如，在北部福岛县和西部兵库县的20家图书馆中，就有近30名正式的残障员工在岗工作。

除了专职馆员，公共图书馆还广泛招募志愿者，以协助图书馆提供无障碍服务。自1986年《完善社会教育设施促进志愿者活动》政策出台后，图书馆被明确要求积极招募志愿者，以支持无障碍服务的开展。此后，日本的公共图书馆便开始招募志愿者，为特殊需求读者提供面对面朗读、代查代检等服务，并逐渐建立起一套相对完善的志愿者服务体系。以大阪市立图书馆为例，特殊读者可通过预约，在到馆后享受志愿者提供的朗读服务。这些志愿者大多为无偿服务，但也有一些图书馆，如板桥区立图书馆，会按小时向提供面对面朗读服务的志愿者支付报酬。

五、广泛的宣传与社会合作

日本图书馆通过多种渠道宣传无障碍服务，增强社会对特殊需求者的关注：

1. 宣传推广：通过宣传册、社交媒体、电视台等媒介宣传无障碍服务。
2. 社会合作：与其他社会福利部门合作，开展无障碍服务宣传活动。

六、适老化服务的实践

日本图书馆在适老化服务方面积累了诸多成功经验：

（一）在无障碍环境建设上，日本图书馆致力于打造一个全面、细致且人性化的环境，特别关注身体有问题的老年人。从宽敞的通道设计、防滑地板铺设，到电梯与坡道的合理设置，每一处细节都充分考虑到了老年人的行动便利性。此外，图书馆还配备了舒适的座椅、足够的照明以及明确的指示标识，确保老年人在图书馆内能够安全、便捷地移动和阅读。

（二）在个性化服务方面，日本图书馆针对视力不佳的老年人，准备了丰富的大字版图书，确保他们无需费力就能轻松阅读。同时，还提供了语音辅助设备，如语音朗读器、有声读物等，让老年人能够通过听觉享受阅读的乐趣。这些个性化服务不仅满足了老年人的阅读需求，也体现出图书馆对老年人的人文关怀。例如：稚内市立图书馆的主页提供了多项用户友好功能，包括网页字体大小调整、网页背景颜色更改以及语音朗读选项，以满足不同用户的需求。在其用户指南中，还特别设立了老年人和残疾人服务专栏，详细阐述了《阅读无障碍法》的内容，以及图书馆所提供的无障碍设施、大字版书籍、阅读辅助器具、志愿者录制的音频CD、上门故事服务、盲文图书以及布艺图画书等服务项目。在图书馆的一楼区域，专为残疾人设置了停车位、卫生间（特别考虑了造瘘者的需求）、轮椅以及残疾人专用的书车等无障碍设施，确保他们能够便捷地使用图书馆资源。此外，图书馆内还设立了一个大字本图书专区，方便视力不佳的读者阅读。每个月该图书馆都会为视障读者提供一张由志愿者团体"声音图书馆"精心制作的音频CD，这张名为《公共关系解惑》的CD由团体成员当月录制完成。此外，还针对老年人和残疾人服务机构推出了预约制的上门故事会项目，活动内容丰富多样，包括连环画讲述、图画书朗读、诗歌朗诵、歌曲表演以及小剧场等，旨在为他们提供更加贴心和多样化的文化服务。

七、持续的技术创新与国际交流

日本图书馆高度重视利用信息技术来显著提升无障碍服务的整体水平，具体举措包括通过互联网平台和智能设备的广泛应用，为读者提供更加便捷、个性化的阅读体验。这些智能设备不仅涵盖了电子阅读器、有声读物播放器等，还融入了先进的语音导航和辅助阅读技术，确保不同需求的读者都能轻松获取所需信息。同时，日本图书馆界还积极拓宽国际视野，广泛开展国际交流与合作，主动借鉴国际上在无障碍服务领域的先进经验和创新实践，以不断优化和完善自身的服务体系，力求为读者创造一个更加包容、友好的阅读环境。

启 示

日本图书馆的无障碍服务经验为其他国家提供了有益的借鉴，包括完善法律法规、加强设施建设、丰富信息资源、打造专业团队、注重宣传推广等。这些经验有助于推动公共图书馆无障碍服务的进一步发展，更好地满足特殊需求者的需求。

第二节　国内案例分析

2.1　北京图书馆的残障阅读服务经验

北京图书馆（包括首都图书馆及其他区级图书馆）在残障阅读服务方面形成了较为完善的服务模式，主要体现在硬件设施、信息服务、志愿服务和数字化建设等多个方面：

一、硬件设施无障碍化

北京图书馆深刻践行人文关怀理念，尤为注重为残障读者群体提供全面且细致的便利硬件设施，旨在营造一个友好、无障碍的阅读环境。这些设施涵盖了从抵达图书馆到馆内活动的各个环节，具体包括无障碍停车位，方便残障人士车辆停放；清晰的盲道设计，引领视障读者安全行走；贴心的轮椅坡道，确保行动不便的读者能轻松进出；以及无处不在的无障碍标识，为所有需要帮助的读者指明方向。此外，电梯内部不仅配备了语音提示系统，方便视力不佳者了解楼层信息，还特别设置了盲文按钮，让操作变得直观而简单。

以首都图书馆为例，该馆在硬件设施建设上更是精益求精。不仅在停车场区域规划了专门的无障碍停车位，还在图书馆的入口、走廊、阅览室乃至卫生间等所有关键区域，都精心设置了无障碍设施，如宽敞的入口通道、低位服务台、自动感应门以及配备扶手的卫生间隔间等，确保残障人士在整个图书馆内的通行与使用都能顺畅无阻，充分展现了图书馆对于每一位读者的尊重与关怀。

二、信息服务个性化

首都图书馆的康复文献阅览室，作为其独树一帜的特色服务，着力为残障人士打造一个知识无碍、信息平等的阅读天地。这里不仅收藏有纸质资源，涵盖了盲文期刊、盲文图书、大字版图书，以满足不同视障读者的需求，还紧跟时代步伐，配备了丰富的数字资源。阅览室精心配备了电子助视器，通过放大文字、调整对比度等功能，助力视弱读者阅读文字信息，提升他们的阅读体验；有声朗读机则能将文字转化为语音，让听障以外的残障读者也能"听"到书中的精彩；而盲文刻印机则实现了个性化需求，读者可以根据自身需要刻印盲文资料。

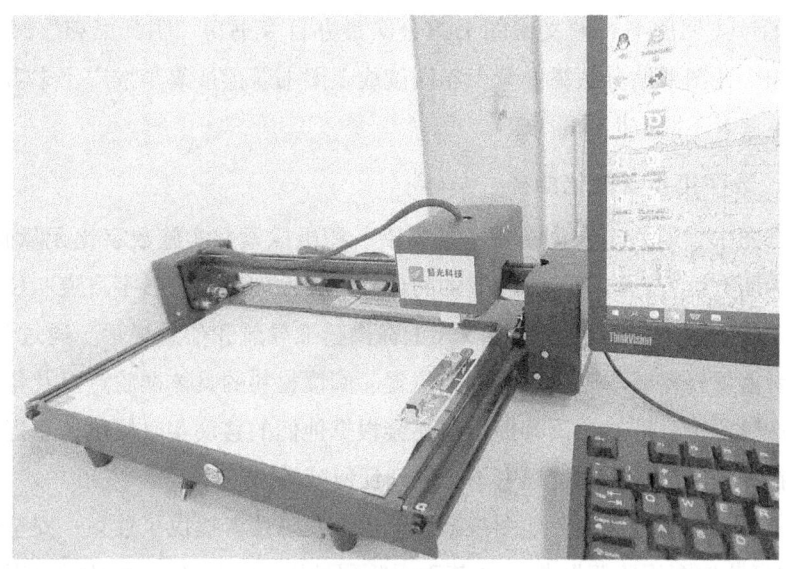

盲文刻印机

阅览室内的多媒体区引入了先进的科技辅助设备，如阳光阅读软件，它集成了文字识别、语音合成等功能，极大地便利了视障读者自主检索和阅读电子文档；盲文点显器则通过触觉反馈，让网络信息触手可及，进一步拓宽了视障读者的信息获取渠道，使他们也能像正常人一样上网冲浪。

三、志愿服务多元化

首都图书馆的"心阅书香"志愿服务项目通过"心阅影院""心阅美文""心阅随身听"等子项目，为视障人士提供有声阅读服务。例如，"心阅影院"通过志愿者讲述无障碍影片，帮助视障人士欣赏影视作品。通过直播和有声读物录制，满足残障人士的阅读需求。

在疫情期间，首都图书馆组织市公共图书馆文化志愿服务总队，邀请了15名经验丰富的专家志愿者组成讲师团，推出"抗疫手语与图书馆手语基础会话""阅读与朗诵实用技巧""手把手练书法""从阅读中领略国学之美""志愿精神"等系列线上直播。46场直播吸引超1.23万人次线上听课。

通州区图书馆分队的志愿者注重设计互动性强的项目，推出线上知识问答、诗词竞赛、朗读大赛、线上儿童故事会等一系列活动。大兴区图书馆分队推出国学经典诵读志愿服务，顺义区图书馆分队举办百家书房"明凡书苑"线上云阅读，朝阳少儿图书馆分队举办青少年阅读线上图书兼读征集与推广，丰富多样的主题满足读者不同方面的需求。

四、数字化与智能化服务

首都图书馆始终走在创新服务的前沿，积极探索并实施数字化无障碍服务，致力于为所有读者创造平等、便捷的阅读环境，例如通过"数字盲道"技术，结合蓝牙定位和语音提示器，为视障人士提供精准导航和信息提示。通过该技术，视障读者能够轻松获取到周边的书架位置、阅读材料的具体摆放点以及各类服务设施的准确方位，同时，语音提示器还会根据他们的移动实时提供信息提示，确保他们在享受阅读乐趣的过程中不会遇到任何障碍。

此外，应用软件"春芽地图视障版"也为视障读者提供了独立、安全的阅读环境。"春芽地图视障版"是一个基于无障碍地图为视障人士等对无障碍路线有需求的人士提供地图出行服务，通过室内外定位，让用户了解身处位置及已需的环境信息，并导航至目的地。

五、特色活动与推广

北京各区图书馆还通过举办无障碍阅读活动、无障碍阅读空间建设等方式，进一步推广残障阅读服务。例如，丰台区图书馆支持的汇爱大厦无障碍公益阅读空间，为残疾人提供了专业化的文化服务。汇爱大厦公益阅读空间是由北京市残疾人服务示范中心精心打造的首都残疾人文化服务示范阵地。阅读空间以环境无障碍和信息无障碍为特色，引入实体书店企业运营，依托市残疾人服务示范中心管理，着力于为本市各障别残疾人朋友提供专业性、多元化、人性化的无障碍文化阅读服务。

海淀图书馆则通过无障碍阅读设备和个性化服务，帮助残障人士更好地参与阅读。图书馆还推出了一系列无障碍预约服务，对原有无障碍卫生间进行升级改造，增设了母婴室，配置了轮椅、老花镜、放大镜等便民设施，以及为残障人士提供导览、还书等服务。除此之外，图书馆推出了一些个性化服务，包含接车服务、导览服务、借书预约服务、优先参与阅读推广活动服务等，让他们进出图书馆、借还图书更加便利。

总　结

北京图书馆的残障阅读服务模式，通过全面优化硬件设施、精心打造个性化信息服务、广泛动员多元化志愿服务，以及积极推进数字化建设，为残障人士构建起了一个便捷且人性化的阅读支持系统。这一系列举措不仅彰显了图书馆对于特殊群体需求的深刻理解与尊重，也生动体现了公共文化服务在促进社会公平、增进民生福祉方面的包容性和普惠性，让知识的光芒照亮每一个需要它的角落。

2.2　上海图书馆的无障碍服务创新

案例一、上海图书馆东馆的无障碍服务

2022年，上海图书馆于东馆一楼精心打造了占地100多平方米的"无障碍阅览室"，该阅览室主要面向视觉障碍、听觉障碍及肢体残障人士提供服务。通过提供全方位的无障碍服务和丰富资源，上海图书馆为残疾人融入社会、平等享受社会生活提供了坚实支撑，同时，也为其他文化机构和社会单位在无障碍环境建设方面树立了典范，发挥了引领示范作用。

上海图书馆东馆"无障碍阅览室"

无障碍阅览室门口设有导引牌，既能给视障读者提供指引，又能让普通读者感受到切实存在的"无障碍"体验。

引导牌

在残障人群中，视障者面临的阅读障碍尤为突出，无障碍阅览室的服务核心在于为视障读者开拓更多阅读途径。这一举措旨在助力盲人学习新知、更好地融入社会，为他们创造一个更加友善的阅读环境。为此无障碍阅览室配备了盲文图书、明盲文对照绘本、无障碍电影、DVD、磁带等音像制品、阳光听书郎等资料。

上海图书馆东馆还创新性地举办了"指尖遇见美好"系列非视觉图片展，这里的照片延续了盲文凸点的基本特征，由连续的凸点构成图像的点、线、面，概要地描述了物体的轮廓和画面，即使是视障读者也能通过触摸来感受画面的主体内容。

第六章　典型案例分析：国内外公共图书馆的实践探索

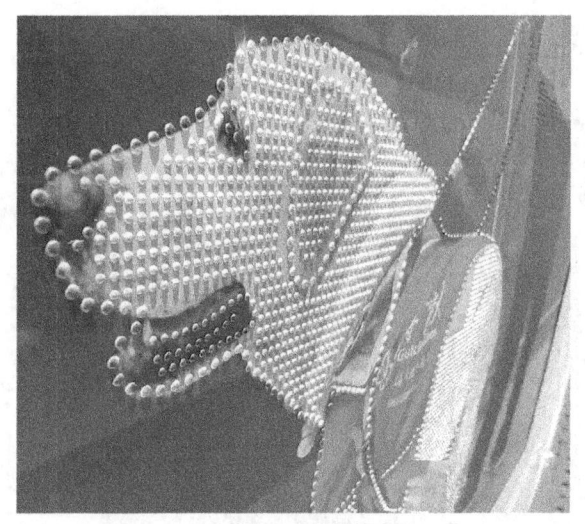

可触摸图片

让视障读者跟普通读者一样够通过触摸来感受图片所传达的内容。

此外，他们还联合上海市聋人协会，推出了一系列手语科普教程，通过播放聋人协会制作的系列手语教学视频，对手语进行普及推广，旨在引导社会各界增加对聋人这一特殊群体的认识和理解。

案例二、上海市杨浦区图书馆保护性改造，使历史建筑重新焕发出生机

作为有着近百年历史的优秀历史建筑，杨浦区图书馆的一砖一瓦都是历史的留存。无障碍化改造的前提就是保护，为满足残障群体的无障碍需求，杨浦区图书馆协调各方力量根据《上海市无障碍环境建设条例》，在不破坏原有主体建筑的前提下进行了无障碍化改造。

他们在原历史建筑之外的拓展区铺设盲道，引导盲人来到新增的无障碍阅读室。在无障碍阅读区域增设了低位书架、低位饮水机、轮椅停放位，为轮椅出行者提供便利。电梯里也响起了熟悉的语音层报，使"无障碍"三个字在这座具有近百年历史的传统建筑里活了起来，成为"最美图书馆的无障碍之路"。

杨浦区图书馆积极构建残疾人友好图书馆，在"云享·人文书房"内开辟的无障碍阅览服务专区，除了配置盲文图书、大字版、助视仪、点显器、读屏软件等外，还引入了"样图电台"有声读物，进一步丰富了视障读者的阅读选择。

上海市杨浦区图书馆

上海图书馆在无障碍服务方面的创新举措可以概括为以下几个方面：

（一）设施与空间创新

改造无障碍阅览室，全方位服务视觉障碍、听觉障碍和肢体残疾群体。配备低位书架、低位饮水机、轮椅停放位等设施。

增设无障碍通道与标识，引导读者方便到达无障碍阅览室，电梯增加语音层报功能，为视障人士提供导航。

（二）资源与服务创新

提供丰富的阅读资源，无障碍阅览室提供盲文书籍、大字版图书、有声读物、无障碍电影等多种资源。引入"样图电台"有声读物，进一步丰富了视障读者的阅读选择。引进智能设备与技术，配备大字阅读机、盲文键盘、一键式语音阅读机等设备，方便视障读者使用。此外，上海图书馆还通过"云瀚智慧"图书馆服务平台，实现线上线下融合的无障碍服务。

（三）科技赋能与合作创新

无障碍视听服务，上海图书馆联合百视通等企业，研发无障碍节目 AI 创作平台，为视障和听障人士提供无障碍电影和音像制品。数字图书馆建设方面，上

第六章 典型案例分析：国内外公共图书馆的实践探索

海图书馆建成全国首家"无障碍数字图书馆"，提供无障碍网站、有声电子书和数字化讲座服务。

（四）活动与交流创新

开展无障碍主题活动，上海图书馆东馆举办了"科技让无障碍视听更美好"活动，通过线上线下同步放映无障碍电影，促进社会各界对无障碍服务的关注。通过与志愿者、残联、高校等多方合作，寻求志愿者与社会支持，提升无障碍服务的专业性和覆盖面。

（五）个性化服务创新

上海图书馆东馆引入按需打印（Print On Demand，简称POD）服务，可为残障人士提供定制化的图书文献和印品周边，满足其个性化需求。

上海图书馆的无障碍服务创新举措，不仅细致入微地为残障人士打造了一个更加便捷、舒适的阅读环境，还积极借助科技的力量，通过智能化、数字化的手段赋能无障碍服务。同时，图书馆加强与多方机构的合作，共同探索无障碍服务的新模式、新路径，从而全面提升了无障碍服务的整体水平。这一系列创新实践，不仅为残障人士带来了实实在在的便利，也为其他公共文化机构提供了宝贵的经验和示范，推动了无障碍服务在更广泛领域的普及和发展。

2.3 其他地方图书馆的包容性服务实践

案例一：江苏省苏州市吴中区"红方桌"自强读书会

在江苏省苏州市吴中区，由周凤生创办的"红方桌"自强读书会为残疾人提供了一个融入社会、提升自我的平台。这个读书会成立于2020年9月，旨在通过阅读鼓励残疾人自强不息，融入社会。读书会采用固定活动与线上结合的方式，坚持每周一设为固定读书日，同时每月通过互联网发布阅读计划，组织至少3次集中阅读活动。阅读形式多样化，包括好书领读会、阅读分享会、残健共融读书沙龙等，积极营造多读书、读好书的文明风尚。针对无法出门的重度残疾人，读书会以送书上门和领读志愿者到家的服务方式体现了特殊的人文关怀。

近4年来，"红方桌"项目累计成功举办了160多场残疾人阅读活动，惠及残疾人4 400余人次，产生了广泛而积极的社会影响。这些活动不仅为残疾人提

157

供了丰富的精神食粮，还有效促进了残健之间的融合与理解，搭建起了一座沟通的桥梁。在读书会的温暖大家庭中，许多残疾人逐渐找回了自信，重新燃起了对生活的热爱和希望，从而更加积极地融入社会，进一步促进了社会的和谐稳定。

案例二、青海省："书香青海 全民阅读"无障碍融合阅读活动

青海省残联、青海省委宣传部、青海广播电视台联合主办的"书香青海 全民阅读"残疾人无障碍融合阅读活动。活动覆盖全省六州两市，行程上万公里，海拔最高的地方达四千米以上。借助数字化手段，创新阅读模式，实现聋人通过手语和字幕、盲人通过语音共享阅读的快乐。活动邀请汉族、回族、藏族、蒙古族、撒拉族、土族等不同民族的听力残疾人、视力残疾人、肢体残疾人和轻度智力、精神障碍残疾人等广泛参与。

活动有效消除了残疾人阅读的种种障碍，不仅优化了阅读环境，还大幅增加了优质阅读内容的供给，进一步推进了阅读服务体系的全面建设。在活动中，众多残疾人以他们的精彩表现令人动容，无论是深情的朗诵还是独到的见解，都充分展现了他们对精神文化的深切追求和对优秀传统文化的热爱与传承。

案例三、南京图书馆沉浸式科普主题活动

南京图书馆联合南京警察学院野生动植物保护协会，在南京市盲人学校举办专场野生动物保护知识科普活动，这场名为"耳畔闻万物 心中晓自然"的视障人士科普主题活动，为盲人学校的同学们带来了一场沉浸式野生动物科普的知识盛宴。

南警学院大学生志愿者围绕展出的珍稀野生动物标本，向盲校的同学们介绍了珍稀野生动物保护的相关法律法规，讲解了野生动物的生活习性、样貌特征、生长环境等知识，同步播放了野生动物的叫声，并一对一详细介绍了每个动物标本制作过程和背后的故事况，让他们身临其境，更好地了解认识这些野生动物。活动现场气氛热烈，志愿者和同学们频繁互动，热情高涨。

此次活动是南京图书馆联合社会资源，面向视障人士开展科普知识推广的探索与创新，旨在助力视障群体更好地享受公共文化服务。这只是一个开始，相信在以后的工作中南京图书馆将进一步创新工作方式，整合社会资源，多措并举，继续为视障群体提供高质量公共文化服务。

第六章 典型案例分析：国内外公共图书馆的实践探索

"耳畔闻万物 心中晓自然"主题活动现场

志愿者给同学们详细介绍动物特性

案例四、甘肃省：残疾人读书达人演讲活动

甘肃省残联围绕不同主题，连续举办了三届全省残疾人读书达人演讲活动。工作人员广泛动员，自下而上动员残疾人阅读爱好者广泛参与，选拔优秀代表参

159

赛。对参赛选手进行专业培训，主办方邀请专业教练对参赛选手进行系统指导，以保障他们的演讲技巧与作品质量均达到高标准。全程邀请媒体对比赛进行线上线下宣传报道，营造良好舆论氛围。

活动为残疾人精心打造了一个展示自我风采的平台，不仅激励他们坚持并深化自己的阅读爱好，还积极培养他们的阅读习惯，让阅读成为生活中不可或缺的一部分。通过精心组织的演讲活动，残疾人有机会站在台上，用他们的声音和故事触动人心。在这一过程中，他们的自信心得到了极大的提升，表达能力也日益增强。这些宝贵的经历不仅让他们更加自信地面对生活中的挑战，也促进了他们更好地融入社会，与更多人分享阅读的力量和美好。

总结与启示：

（一）资源整合与精准投放。通过全面整合各类图书资源，包括电子书籍、有声读物、盲文图书等多种形式，确保资源的丰富性和多样性。同时，深入了解残疾人的阅读需求和偏好，通过调研、访谈等方式，掌握他们的实际阅读需求。实现图书的精准投放，将最适合的图书资源送到残疾人手中。注重图书的持续更新，根据残疾人的反馈和阅读趋势，不断调整和优化图书资源，确保他们能够及时获取到最新、最适宜的阅读材料。

（二）数字化与无障碍化。借助数字化手段和创新阅读模式，消除残疾人阅读障碍，提升阅读体验。借助先进的数字化手段和创新多样的阅读模式，有效消除了残疾人阅读过程中的各种障碍。通过数字化技术，将图书内容转化为易于获取和理解的格式，如电子书、有声读物等，让残疾人能够更加方便地阅读。同时，创新阅读模式的引入，如定制化阅读服务、互动式阅读体验等，进一步提升了残疾人的阅读体验，让他们在阅读中感受到更多的乐趣和满足。

（三）多元参与社区融合。积极鼓励不同民族、不同残疾类型的残疾人广泛参与各类阅读活动，通过提供多样化的阅读资源和适应性的阅读方式，满足他们的个性化需求。同时，加强社区文化建设，营造包容、友爱的阅读氛围，促进残疾人与社区居民之间的交流与互动，进一步推动他们与社区的深度融合。

（四）展示平台与激励机制。为残疾人提供多元化的展示自我平台，通过组织演讲、朗诵、知识竞赛等多种形式的活动，激励他们积极参与，坚持阅读。这些活动不仅丰富了残疾人的精神文化生活，还激发了他们的内在潜力，鼓励他们在阅读中不断提升自我，展现自信与风采。

以上成功案例在残障人群阅读推广方面取得了显著成效，为后续的工作提供了宝贵的经验和深刻的启示。它们不仅证明了针对残障人群的特殊阅读服务是可行且必要的，还展示了多种有效的推广方法和策略。这些经验和启示值得各地在推动全民阅读、构建书香社会的过程中认真借鉴和广泛推广，以促进阅读资源的公平分配，让更多人享受到阅读的乐趣和益处。

2.4 中国盲文图书馆的可及性服务范式

中国盲文图书馆，位于北京海淀区占地面积2.8万平方米，共有4个书库，藏书25万册，磁带光盘66万张，是满足盲人阅读需求的专业图书馆。同时，馆内视障文化资讯服务中心设有文献典藏区、盲人阅览区、展览展示区和教育培训区等。图书馆还设立了视障文化体验馆、触觉博物馆、盲人文化艺术展室，参观者和读者可以用触摸的方式感知中国文化和世界文明

中国盲文图书馆除了接待到馆的盲人读者，同时服务于自全国各地的盲人读者，可以打电话来借书，也可以写信借书，中国盲文图书馆通过邮寄的方式为全国盲人提供免费借阅服务。借阅量高达每年5 000人次、2万多册。

影响盲人阅读的另一个重要因素是，许多盲人并不会盲文。全国1 200多万名盲人中，懂盲文的不到10%。为此，中国盲文图书馆开发了新一代的"阳光读书郎"电子阅读器，配上专用扫描器，盲人读者可以"读"到任何一本普通图书。截至2015年中国盲文图书馆实现馆藏有声读物20万种、纸书10万种、电子书10万种。

举办特色主题展览。为了帮助视障人士感受北京中轴线文化和了解古都的历史变迁，中国盲文图书馆推出"触摸中轴 指尖云游"北京中轴线主题馆藏展览。展览结合馆内盲文、明盲对照、电子盲文等多种类型馆藏资源，设置可触摸图片、盲文点字、NFC语音解说等展示场景，为视障朋友提供了身临其境的沉浸式触听体验。展览分为展板触听区、展品互动区、馆藏推荐区和打卡留言区，不同区域有专门的馆员提供讲解与服务，确保每一位参观者都能更好地触摸感受、聆听体验，深入了解北京中轴线的历史文化。

学生在中国盲人图书馆触摸北京中轴线

定期开展各种专题活动。残健融合的中轴对话之旅,是中国盲人图书馆为北京市盲人学校的孩子们量身定制的研学活动。旨在通过微研学的方式,让视障学生亲身感受中轴线上的古韵风采与人文魅力。第41个"国际盲人节"前夕,北京市盲人学校15名学生与普通学校的学生携手踏上"认知身边的城市:听音识古建 对话中轴线"公益研学活动之旅。盲文图书馆之行,同学们在"触摸中轴 指尖云游"北京中轴线主题馆藏展览上,通过指尖触摸和耳朵聆听云游中轴线15个遗产点,立体具象地了解和感受北京中轴线的历史韵味与文化魅力,领略北京这座城市的辉煌与灿烂;天坛之行,"见闻奇声"和"神奇的柱子"两个特色教学项目,使同学们深刻感受到天坛建筑的奇妙与文化的深厚。他们聆听回音壁的传音特色,触摸祈年殿的无钉建筑,仿佛穿越时空,与古人进行着跨越千年的对话;鼓楼之行,"听声辨时"和"京城十二时辰"两个课题,使同学们了解到古代计时方式与现代科技的融合,学习"暮鼓晨钟"的由来和意义。同学们仿佛置身于古代,感受着古人学习、生活、工作的作息节奏;心意化作创意,触摸、聆听、行走之后,同学们将心中的中轴线用独有的方式呈现出来,与第一七一中学的同学们共创"用心陪着你"七彩手印画卷。这次创意的碰撞,是残健融合的体现,也是友谊的传递与文化的交融。两校的同学们交流研学体会，用独特的方式了解了北京城市的发展演变。这场独特的视听盛宴，让同学们走出了校园，他们用心灵去感受中华传统文化的博大精深与中轴线上的独特魅力。不仅丰富了同学们的文化知识，更激发了他们对生活的热爱与对未来的憧憬。

中国盲文图书馆还设有盲人电脑培训教室、盲人音乐培训教室、视功能训练、心理咨询以及口述影像馆等，为盲人提供全方位的文化服务。中盲图旨在让盲人群体更好地共享人类文明成果，同时唤起社会更多的爱心来关注这个群体，尽可能地消除现代化生活给盲人带来的信息障碍，让盲人能够通过及时有效的学习和阅读，了解生活，获得信息，学习技能，最终融入社会。

第三节　案例分析总结与启示

3.1　成功经验的共性与差异

通过对上述国内外图书馆残障服务案例的分析，我们可以总结出成功经验的共性与差异，这些经验为其他图书馆和公共服务机构提供了宝贵的参考。

一、共性

（一）以人为本，需求导向

以上案例均紧紧围绕残障人士的实际需求这一核心，提供了一系列贴心且个性化的服务。在美国，不仅有丰富多样的有声读物，让视觉障碍者能够聆听世界的精彩，还有精心制作的盲文图书，让他们能够亲手触摸到知识的力量。而在英国，无障碍数字资源的广泛普及，为残障群体打开了通往信息世界的大门，让他们能够便捷地获取所需信息。同样，在中国，"数字盲道"的建设为视障人士提供了更加友好的网络环境，让他们能够畅通无阻地浏览网页、享受数字生活。此外，送书上门服务更是将温暖送到了每一位需要帮助的残障人士手中，体现了对残障群体需求的精准把握和深切关怀。

（二）设施与技术的双重支持

国内外图书馆均高度重视无障碍设施的建设与科技手段的融合应用。在无障碍设施方面，图书馆不仅设置了宽敞便捷的无障碍通道，方便轮椅使用者自由通行；还配备了低位书架，让身高受限或行动不便的读者能够轻松取阅书籍；同时，盲文标识的增设，也为视障人士提供了极大的便利。而在科技手段的运用上，图书馆更是紧跟时代步伐，提供了丰富多样的有声读物，让听觉成为获取知识的另一途径；数字资源的广泛普及，使得残障人士能够随时随地享受阅读的乐趣；语音提示系统的引入，则让图书馆的服务更加人性化，为视障及行动不便的读者提供了更加贴心的使用体验。这些无障碍设施与科技手段的完美结合，为残障人士营造了一个更加便利、舒适的阅读环境。

（三）多方合作与资源整合

各案例均深刻强调了与政府、社会组织、企业以及志愿者等多方主体合作的重要性。通过有效整合各方资源，图书馆得以拓展服务范围，提供更全面、更贴心的服务。以美国图书馆协会（ALA）为例，该协会积极与企业携手合作，共同推广无障碍服务，让更多残障人士能够享受到阅读的乐趣和便利。而在中国，上海图书馆也与残联、高校等机构建立了紧密的合作关系，通过联合开展各类文化活动和服务项目，为残障读者提供了更加丰富多元的阅读体验和服务选择。

（四）专业培训与能力建设

各个图书馆均高度重视对工作人员和志愿者的无障碍服务培训，致力于提升他们的专业能力和服务意识。培训内容丰富全面，涵盖了无障碍设施的正确使用方法、与残障人士的沟通技巧，以及如何深入理解和满足他们的特殊需求等。通过系统的培训，工作人员和志愿者能够更加熟练地操作无障碍设施，更加贴心地与残障读者交流，确保服务的专业性和高效性，为残障人士提供更加优质、便捷的图书馆服务。

（五）注重宣传与推广

各案例均通过多种渠道宣传无障碍服务，提高社会对残障群体的关注。宣传方式包括社交媒体、线下活动、媒体报道等，旨在提升无障碍服务的知晓度和影响力。

入选案例均积极采取多种渠道广泛宣传无障碍服务，努力提高社会对残障群体的关注度。宣传方式多种多样，既包括利用社交媒体平台发布信息、分享故事，增强与公众的互动与交流；也涵盖组织线下活动，如无障碍阅读体验日、残障人士文化交流会等，让更多人亲身体验无障碍服务的便利与重要性；同时，还通过媒体报道，如新闻稿、专访等形式，将无障碍服务的理念和实践传播给更广泛的受众。这些宣传方式旨在全面提升无障碍服务的知晓度和影响力，促进社会对残障群体的理解与包容。

（六）活动与服务的多元化

案例所述图书馆通过精心策划和举办无障碍阅读活动、丰富多彩的文化讲座以及激动人心的演讲比赛等，极大地丰富了残障人士的文化生活。这些活动不仅为残障读者提供了多样化的阅读选择，满足了他们的精神文化需求，还搭建了一个展示自我、交流思想的平台。通过这些活动，残障群体得以更积极地参与社会生活，与社会各界人士互动交流，有效促进了残障群体与社会的融合，增强了他们的归属感和幸福感。

二、差异

（一）服务深度与广度

国外图书馆的残障服务范围更广，涉及残障人士从儿童到老年的全生命周期需求，如教育、就业、出行等多个重要领域。例如，美国的"全球残障服务图书馆"不仅提供丰富的书籍资源，还特别注重为残障人士提供独立生活指导、就业技能培训等多领域的数字资源，全方位支持他们的成长与发展。

国内图书馆残障服务目前主要集中在阅读和信息获取这一核心领域，但正在逐步向更加多元化的方向拓展。以上海图书馆为例，其无障碍服务以提供丰富的阅读资源和完善的无障碍设施为主，为残障人士创造了良好的阅读环境。同时，该图书馆也在积极探索更多元化的服务模式，旨在满足残障人士更加广泛和多样化的需求。

（二）技术应用水平

国外图书馆在数字技术的应用上更为成熟，如实时音频传输技术，让视障人士能够即时获取到图书内容，享受便捷的听书服务；个性化网站浏览辅助工具，则根据残障人士的具体需求，提供定制化的网页浏览体验，使他们能够更加高效地获取所需信息。这些数字技术的应用，极大地提升了残障人士的信息获取效率和便捷性。

国内图书馆的技术应用水平正在不断提升，但整体上仍处于不断发展和完善的阶段。以上海图书馆为例，其推出的"数字盲道"和"无障碍数字图书馆"是近年来的创新实践，为残障人士提供了更加便捷的信息获取途径。然而，在技术的深度和广度上，这些服务仍有较大的提升空间，需要不断探索和完善，以更好地满足残障人士的多元化需求。

（三）社会参与程度

在国外残障服务的实践中，非政府组织和社会团体在残障服务领域中发挥着举足轻重的作用，它们承担了大量具体而细致的服务工作。以美国为例，众多志愿者和社区组织积极参与无障碍服务，扮演着至关重要的角色。他们不仅提供日常的辅助和支持，还致力于推动无障碍设施的完善和服务质量的提升，为残障人士融入社会、享受平等权益贡献了重要力量。

国内的残障服务活动，基本以政府的主导作用更为突出，社会组织的参与程度在残障服务领域相对较低。然而，近年来，志愿者服务逐渐兴起，成为残障服务中的一股新力量。以北京图书馆为例，其推出的"心阅书香"志愿服务项目，就是近年来的创新尝试，旨在通过志愿者的力量，为残障人士提供更加贴心、周到的服务。

（四）资源丰富度

国外图书馆获得的无障碍资源相较于国内更为丰富多样，以美国的国家图书馆网络为例，其藏书量庞大，拥有超过5.3万种有声读物和盲文读物，为残障人士提供了广泛的选择和便捷的服务。

国内无障碍资源的种类和数量在近年来不断丰富，取得了显著进展。以上海图书馆为例，近年来，无论是无障碍设备种类还是无障碍阅读资源的数量都有很大的提升，为残障人士提供了多样化的阅读选择。然而，与国际先进水平相比，国内无障碍资源在数量、种类以及更新速度等方面仍存在一定的差距，仍有较大的提升空间。

（五）宣传与推广

国外非常重视无障碍服务的宣传，通过多种渠道增强社会对残障群体的关注。例如，英国公共图书馆充分利用社交媒体平台、电视台等大众媒体，广泛宣传其无障碍服务，提高公众对残障人士权益的认识，促进社会的包容和理解。

国内无障碍服务的宣传推广力度正逐渐加强，但整体上仍以线下活动和本地宣传为主。例如，上海图书馆通过定期举办无障碍阅读活动、与社区合作开展宣传讲座等方式，积极提升无障碍服务的知晓度和影响力，努力让更多人了解并关注残障人士的阅读需求。

（六）服务模式创新

国外无障碍服务模式以行业协会和国家图书馆为主导制订计划，以社区服务为主，模式更加多样化。如美国的"图书馆改造社区计划"，通过小型和农村图书馆这一社区文化中心，推动无障碍服务深入社区，满足残障人士的多元化需求。而英国则注重数字技能培训，利用图书馆资源为残障人士提供数字化服务和学习机会，同样注重从社区层面入手，推动无障碍服务的普及和提升。

国内无障碍服务模式多以各地区中心图书馆为主导，逐步向社区和家庭延伸。例如，青海省的"书香青海 全民阅读"无障碍融合阅读活动。邀请汉族、回族、藏族、蒙古族、撒拉族、土族等不同民族的听力残疾人、视力残疾人、肢体残疾人和轻度智力、精神障碍残疾人等参与，行程上万公里，活动覆盖全省六州两市。江苏省苏州市吴中区的"红方桌"自强读书会，通过组织丰富多彩的社区活动，如读书分享会、文化交流会等，积极促进残障人士与社会的融合，让他们在社区中感受到更多的关爱和支持。

3.2 对中国公共图书馆的启示与借鉴

一、加强法律与政策支持

进一步细化加深落实《中华人民共和国无障碍环境建设法》《中华人民共和国公共图书馆法》等相关法律法规中关于残障服务的一系列要求。包括对公共图书馆在无障碍环境建设、无障碍资源配备以及无障碍服务提供等多个维度上的具体标准做出详尽阐释与明确规定。通过措施细化，确保公共图书馆能够更好地服务于残障群体，满足他们在阅读、学习及文化休闲等方面的多元化需求。为残障服务的长期、稳定发展提供了坚实的法律与政策保障，彰显了社会对残障人士权益的高度重视与切实维护。

二、优化服务内容与方式

通过资源多样化扩展,增加盲文图书、有声读物以及大字体书籍的品类与存量,以确保能够全面覆盖并满足不同残障群体的阅读需求。提供个性化服务,依据残障人士的具体类型及其个性化需求,精心策划并提供专属的阅读推荐与定制服务,以提升其阅读体验。构建多感官阅读空间,专门设立多感官阅读区域,并配置触觉图书、音频书籍等多样化设备,旨在为视障、听障等残障群体打造便捷、舒适的阅读环境。进一步拓展无障碍服务的内容和形式。从阅读服务向教育、就业、文化活动等全龄段、多领域延伸。借鉴国外的社区化服务模式,推动服务下沉至基层社区。

三、加强技术应用与创新

借鉴国外先进经验,加大数字技术在无障碍服务中的应用,提升服务的智能化和个性化水平。例如,开发更多数字资源和辅助设备。建设无障碍数字平台,提升图书馆网站及数字资源的无障碍性设计,确保它们不仅界面友好,而且能与各类屏幕阅读器、语音识别等辅助技术实现全面兼容。打破数字鸿沟,让残障读者也能无障碍地浏览、检索并获取所需的电子书籍、学术资料及在线服务。引入更多辅助技术设备,包括操作简便的语音控制计算机、功能强大的放大镜软件以及专业的屏幕阅读器等。这些设备的应用,将极大地帮助视力障碍、行动不便等残障读者克服物理限制,更加自主、高效地利用图书馆丰富的知识资源。进一步提升残障人士使用图书馆资源的便捷性。

四、提升空间设计的无障碍性

在图书馆的建筑设计与改造项目中,充分考虑残障人士的实际需求,例如,为了确保视障人士的安全通行,规划并铺设了清晰的盲道;针对轮椅使用者,合理设置了宽敞的坡道,便于他们顺畅进出;配备符合标准且设施完备的无障碍卫生间,以满足残障人士在日常使用中的特殊需求。

五、推动社会多元参与,促进多方合作

鼓励社会组织、企业、志愿者等多元主体参与残障服务,形成合力。通过合作项目、志愿者服务等方式,提升服务的覆盖面和质量。加强与残联、特殊教育学校、残疾人社会组织等的专业机构合作,共同开展服务项目,整合资源,提升

服务质量。

建立志愿者服务机制，组织志愿者为残障人士提供一对一的辅导、陪伴阅读等服务。

六、加强专业人才培养

注重培养图书馆工作人员的专业能力和服务意识，使其能够更好地为残障人士提供服务。持续开展无障碍服务的专业培训，提升图书馆工作人员和志愿者的服务意识和能力。同时，加强对残障人士的技能培训，帮助他们更好地利用图书馆资源。

七、加强宣传与推广

通过多种渠道全面宣传无障碍服务，提升社会各界对残障群体的关注与支持。利用新媒体平台如社交媒体、官方网站及移动应用等，以其即时性、互动性和广泛覆盖的特点，成为传递无障碍服务理念与成果的重要窗口。同时，传统媒体如电视、广播、报纸等，则以其权威性和深度报道的优势，进一步巩固并深化公众对无障碍服务的认知与理解。运用新媒体与传统媒体相结合的方式，形成互补效应，扩大无障碍服务的社会影响力。

通过总结国内外的成功经验，我们可以发现，无障碍服务的核心在于以人为本、资源整合、技术赋能和社会参与。未来，国内图书馆应进一步借鉴国际先进经验，结合本地实际情况，推动无障碍服务的高质量发展。

第七章

公共图书馆残障阅读服务的未来展望

第一节 技术发展的趋势与挑战

1.1 新技术对残障服务的影响

新技术，尤其是人工智能和无障碍技术，对残障服务产生了深远的积极影响，主要体现在以下几个方面：

一、提升生活自理能力

新技术通过智能家居、语音助手和可穿戴设备等手段，帮助残障人士更便捷地完成日常生活任务。1. 智能家居，提升生活便利性。智能家居系统通过语音助手（如 Amazon Alexa、Google Assistant）实现了对家电、灯光和温度的语音控制，帮助运动障碍者和视障人士更独立地管理家居环境。例如，残障人士可以通过语音指令调节灯光亮度、开关电器，甚至设置提醒和安排日程。2. 语音助手，增强沟通能力。语音助手不仅用于智能家居控制，还可以通过文本转语音（TTS）和语音转文本（STT）技术帮助视障和听障人士。例如，华为的小艺声音修复功能通过语音识别和合成技术，帮助言语障碍者实现无障碍沟通。此外，实时字幕生成技术（如 Google Live Transcribe）能够将语音内容实时转换为文字，帮助听障人士更好地参与对话。3. 可穿戴设备，健康监测与辅助。可穿戴设备（如智能手表、智能眼镜）为残障人士提供了健康监测和辅助功能。例如，音书字幕手表可以帮助听障人士在电话交流中通过文字翻译实现无障碍沟通。此外，LeionHey 听语者字幕眼镜能够将对话即时转换为文字，支持翻译功能，帮助听障人士更好地融入社会。通过创新解决方案，AI 能够显著提升残障人士的生活质量、独立性和社会参与度。

二、增强沟通能力

AI 技术在语音转文本、文本转语音、手语识别与翻译等领域的应用已经取得了显著进展，为不同需求的用户提供了强大的支持和便利。1. 语音转文本（Speech-to-Text）技术通过将语音信号转换为文字内容，广泛应用于会议记录、实时字幕生成、语音助手等领域。例如，谷歌的 Live Transcribe 可以实时将语音转换为文字，帮助听障人士更好地参与对话。2. 文本转语音（Text-to-Speech）技术通过将文字内容转换为自然语音，广泛应用于有声读物、虚拟主播、语音播报等领域。3. 手语识别与翻译（Sign Language Recognition & Translation）技术通过计算机视觉和自然语言处理技术，将手语动作转换为文字或语音，帮助听障人士与健听人群更好地沟通。例如，SignAll 等技术可以实现将手语翻译为文本或语音。此外，清华大学研发的石墨烯语音片也能帮助语音障碍者重新发声。

三、改善心理健康

AI 聊天机器人和情感监测工具在为残障人士提供情感支持和心理健康建议方面展现了巨大的潜力。以下是一些具体的应用和工具：

（一）AI 聊天机器人提供情感支持

AI 聊天机器人通过自然语言处理（NLP）技术，能够与用户进行对话，提供情感支持和心理健康建议。这些工具通常结合认知行为疗法（CBT）等科学方法，帮助用户缓解焦虑、抑郁和压力等情绪问题。例如，Woebot 等 AI 应用通过语音和文本分析监测情绪变化，并提供早期干预。Woebot 是一款基于 CBT 技术的 AI 聊天机器人，通过自然对话提供心理健康支持，帮助用户理解和管理焦虑、抑郁等情绪问题。同类产品还有：Wysa 一款基于 AI 的心理健康支持平台；Youper 则通过对话式 AI 提供个性化心理健康支持。

（二）情感监测工具提供心理健康建议

情感监测工具通过分析用户的语音、文本或行为模式，识别情绪变化并提供早期干预建议。这些工具可以帮助残障人士更好地管理情绪，减轻护理人员的情感负担。典型工具有：1. Calmify.ai：搭载 GPT-4 的心理健康伴侣，提供基于证据的 CBT 策略，支持多种心理健康问题，包括抑郁、焦虑和失眠等。2. EmoX：一款 AI 驱动的聊天机器人，专注于心理健康，提供情绪追踪、冥想和压力管理等功能。3. Sonia Health：通过 AI 驱动的聊天机器人提供全天候的心理健康支持，结合语音和文本互动，帮助用户管理焦虑和抑郁等心理问题。

四、助力社会参与和就业

AI 和辅助技术在助力残障人士社会参与和就业方面发挥了重要作用，通过提供更便捷的辅助工具和更包容的社会支持系统，显著提升了残障人士的生活质量和独立性。1. 新技术通过无障碍设计、虚拟现实培训和远程工作支持，帮助残障人士更好地融入社会。例如，浙江的助残 E 站平台通过简化操作流程，帮助残疾人跨越数字鸿沟。2. 智能假肢与外骨骼，恢复肢体功能。AI 驱动的智能假肢和外骨骼设备通过肌电传感器和算法，能够精准识别用户的运动意图并做出相应动作。例如，OHand 智能仿生手通过肌电传感器阵列技术，让用户能够自然地控制假肢完成多种动作。强脑科技的仿生腿则通过 AI 算法动态调整参数，适应不同地形和运动需求，从而让残障人士能够更自由地参与社会活动。

五、推动个性化护理

AI 能够根据残障人士的健康数据和行为模式，提供个性化的护理计划。例如，AI 驱动的外骨骼和智能轮椅可以根据用户的需求实时调整，提升移动性和独立性。

AI 技术能够通过分析残障人士的健康数据和行为模式，为其提供个性化的护理计划，显著提升护理效率和质量。1. 个性化护理计划的生成。AI 系统可以通过分析患者的病史、基因信息、生活习惯和实时健康数据，生成个性化的护理计划。这些计划不仅涵盖药物治疗和康复训练，还扩展到心理疏导、营养指导等全方位关怀，确保患者得到全面的护理体验。例如，腾讯健康与华润三九合作的"三舅健康管家"利用医疗大模型和云计算技术，为用户提供基于健康数据的个性化建议。2. 实时监测与动态调整。AI 技术通过可穿戴设备和物联网（IoT）设备实时监测患者的健康指标,如心率、呼吸、睡眠质量等,并根据数据变化动态调整护理计划。例如,耐鼎 AI 失能护理机器人能够监测生命体征并提供预警,同时根据患者的恢复情况调整康复训练强度。3. 疾病风险管理。AI 利用预测分析技术,根据患者的健康数据预测潜在风险,并提前制定干预措施。这种技术不仅提高了护理的精准性,还减少了因病情恶化导致的住院风险。

六、拓展就业渠道

AI 和辅助技术不仅改善了残障人士的生活质量,帮助他们更好地融入社会,实现自我价值,也为残障人士创造了更多就业机会。新技术带来新兴职业的出现,1. 无声直播间。在广东佛山,专为听障人士设立的"无声直播间"成了一个新兴的就业平台。听障主播通过手语与观众互动,分享求职咨询和就业信息。例如,27 岁的嘉芯通过直播帮助 800 多名听障人士找到工作,其中 200 多人成功就业。2. 数据标注师。在上海,一些视障人士成为智能汽车的数据标注师,利用敏锐的听觉和读屏软件为智能系统提供数据支持。这项工作不仅为视障人士提供了新的就业机会,还推动了人工智能技术的发展。

七、提升无障碍环境建设

AI 技术在检测和修复网站及应用的无障碍问题方面已经取得了显著进展,并为设计师提供了强大的工具来创建更符合残障人士需求的产品和服务。以下是一些具体的应用和工具。

(一) AI 检测无障碍问题

AI 技术可以通过自动化扫描和分析网站或应用的代码,快速识别潜在的无障碍问题。例如:1. accessiBe:结合人工智能、机器学习和计算机视觉技术,能够自动检测网站内容中的无障碍问题,并提供修复建议。2. Evinved:通过视觉分析而非传统的代码审查,发现传统工具可能遗漏的无障碍问题,如颜色对比度和文本间距。3. ally-ai:使用 Playwright 的 Accessibility 插件扫描网页中的无障碍问题,并利用 GPT-4 提供修复建议。

(二) AI 修复无障碍问题

AI 不仅可以检测问题,还能自动修复这些问题,提高开发效率:1. UserWay:通过智能小部件实时转换网站代码,自动修复无障碍问题,支持多种残疾类型。

2. WeAccess.ai：提供自动化修复功能，能够优化网页元素，为图片添加替代文本、为视频提供字幕和音频描述，并增强键盘导航功能。3. Stark：在设计阶段就检测潜在的无障碍问题，并提供修复建议，帮助团队在开发早期解决问题。

（三）帮助设计师创建无障碍产品

AI 技术还可以辅助设计师在开发过程中更好地考虑无障碍需求：1. ScriptEcho：通过智能化方式简化前端开发流程，自动生成语义化的 HTML 代码，优化颜色对比度，增强键盘导航支持，并提升屏幕阅读器兼容性。2. 鸿蒙 Next：提供语音识别、图像识别和自然语言处理等 AI 接口，帮助开发者为特殊人群设计更智能的无障碍功能。

（四）其他支持

1. AudioEye：结合 AI 自动化和人类专业知识，提供实时监控和修复功能，同时针对复杂问题提供定制解决方案。

2. Siteimprove：提供自动化工具和 AI 驱动的建议，帮助团队主动查找和修复无障碍问题。

通过这些工具和技术，AI 不仅能够检测和修复无障碍问题，还能帮助设计师和开发者从设计到开发的各个阶段，更好地满足残障人士的需求，推动数字世界的无障碍发展。

未来，新技术将进一步融合多模态交互（如语音、视觉、触觉）和脑机接口技术，为残障人士提供更全面的支持。AI 技术为残障人士提供广泛的支持，从日常生活到社会参与，显著提升了他们的独立性和生活质量。随着技术的不断进步，AI 在残障人士支持领域的应用将更加智能化和普及化，为更多人带来希望和便利。总体而言，新技术不仅为残障人士的生活带来了便利，还赋予了他们更多的独立性和尊严，推动了社会的包容性发展。

1.2 技术发展中的潜在风险

随着人工智能（AI）技术的飞速发展，其在提升生产效率、提高生活质量等方面展现出巨大潜力，但同时也带来了诸多潜在风险，这些风险涉及伦理、隐私、就业和社会等多个层面。

一、隐私与数据保护风险

AI 技术依赖于海量数据的收集和分析，这使得个人隐私面临前所未有的挑战。例如，智能设备和应用程序在收集用户数据时，可能未经授权获取用户的敏感信息，如位置数据、通讯录、浏览记录等。此外，AI 生成的虚假内容（如深度伪造视频和语音克隆）可能被用于诈骗、名誉损害或操纵公众舆论。

二、算法透明性与公平性问题

AI 系统的决策过程往往缺乏透明度，被称为"黑箱"。这使得人们难以理解 AI 的决策依据，尤其是在医疗、金融和法律等关键领域。此外，AI 算法可能因训练数据的偏差而产生不公平的结果，例如在招聘系统中对某些群体的歧视。

三、就业市场的冲击

AI 技术的普及可能导致大量传统岗位被自动化替代，尤其是低技能和重复性工作，如基础数据分析、客服、初级编程等。这不仅会引发大规模失业，还可能加剧社会不平等。

四、伦理与社会风险

AI 技术的广泛应用可能引发一系列伦理问题，例如在医疗和自动驾驶领域，AI 系统的决策失误可能导致严重后果。此外，AI 技术可能被用于制造虚假信息、操纵公众行为，甚至被恐怖组织利用，威胁国家安全和社会稳定。

五、版权与原创性问题

AI 生成的内容可能涉及版权归属和原创性争议。例如，AI 生成的艺术作品和文本可能侵犯人类创作者的权利。

六、网络安全挑战

AI 技术的发展也为网络犯罪提供了新的手段，例如通过生成逼真的虚假视频和语音进行诈骗，或利用 AI 生成的网络钓鱼邮件欺骗用户。

为应对这些潜在风险，需要从多个层面采取措施：1. 加强隐私保护。用户应谨慎授权应用获取数据权限，定期清理浏览记录，关闭个性化推荐功能。2. 推动技术透明性。开发可解释的 AI 技术，确保算法的公平性和透明度。3. 制定伦理规范。政府和国际组织应出台明确的 AI 伦理监管框架，推动全球范围内的伦理标准统一。4. 促进就业转型。通过职业培训和教育改革，帮助劳动者适应新的就业市场需求。5. 强化网络安全。开发 AI 驱动的安全技术，如对抗样本防御和区块链技术，以保护数据隐私。

总之，AI 技术的发展带来了巨大的机遇，但也伴随着诸多风险。只有通过多方合作和科学管理，才能确保 AI 技术在推动社会进步的同时，不违背伦理和道德规范。

第二节　社会观念与文化环境的改善

2.1　残障群体的社会融入与文化认同

残障群体的社会融入与文化认同是当前社会关注的重要议题。通过政策支持、文化活动和社会项目的推动，残障人士在社会参与和文化认同方面取得了显著进展，但仍面临一些挑战。以下是相关情况的总结：

一、社会融入的现状与挑战

残障群体在社会融入方面仍面临诸多挑战，包括社交障碍、文化参与度低、信息获取困难等。这些障碍不仅限制了他们的个人发展，也影响了他们与社会其他成员的互动与融合。社交障碍往往源于环境的不友好和偏见的存在。在社交场合中，残障人士可能会因为外界的不理解或忽视而感到孤立无援。这种孤立感不仅来自物理环境的限制，如公共场所缺乏无障碍设施，也来自人际关系的疏离，如某些人对残障的误解和偏见，导致他们在与他人建立联系时感到困难。文化参与度低则是另一个值得关注的问题。由于身体条件的限制，残障人士可能无法像健全人一样轻松地参与各种文化活动。例如，艺术展览、音乐会或体育活动等，可能缺乏针对残障人士的特殊安排，使他们难以享受文化带来的乐趣和心灵的滋养。这不仅剥夺了他们参与社会文化的权利，也进一步加剧了他们的社会孤立感。信息获取困难则是残障群体在融入社会过程中面临的又一大难题。尽管现代信息技术的发展为信息的获取提供了极大的便利，但对于部分残障人士来说，他们可能无法充分利用这些技术。例如，视觉障碍者可能无法阅读屏幕上的文字，听力障碍者可能无法听到音频信息。这些障碍不仅限制了他们获取信息的渠道，也影响了他们做出决策和规划未来的能力。尽管如此，各地通过多种方式积极推动残障人士的社会融入。例如，济南市崔寨街道社工站开展了"我想和你做朋友"项目，通过棋类游戏等社区活动，帮助残障人士建立社交联系，提升社区参与度。此外，社会融合理论强调通过平等参与社会生活，实现残障群体与其他社会成员的有效互动。

二、文化认同与参与

文化活动为残障群体提供了重要的社会参与平台，有助于增强他们的文化认同感和社会归属感。通过参与文化活动，残障人士不仅能够展示自己的才华和潜能，还能在与其他人的互动中建立起深厚的友谊和信任。在各类文化活动中，残障人士可以找到属于自己的舞台。更重要的是，文化活动为残障人士提供了一个与健全人平等交流的平台。在这里，他们不再被视为"特殊群体"，而是作为社会的一分子，与其他人共同分享文化的魅力和乐趣。这种平等的交流有助于打破社会对残障的刻板印象和偏见，促进不同群体之间的相互理解和尊重。例如，广东省博物馆在2024年国际残疾人日期间，举办了"融合共享·文化无碍"系列活动，通过口述影像、文物导赏和艺术展演等形式，为残障人士提供了无障碍的文化体验。此外，青海省西宁市的"蜗牛之光"残疾人逗笑社通过相声曲艺表演，帮助心智障碍残障人士提升文化参与感和社会认同感。在参与文化活动的过程中，他们会结识志同道合的朋友，形成一个互助互爱的社群。这个社群不仅为他们提供了情感上的支持和慰藉，还成了他们融入社会、参与社会事务的重要桥梁。通过共同的兴趣和爱好，残障人士能够感受到自己与社会的紧密联系，从而更加积极地参与到社会生活中去。

综上所述，文化活动对于残障群体的社会融入具有不可估量的价值。我们应该更加重视和支持这类活动的发展，为残障人士创造一个更加开放、包容和多元的社会环境。

三、政策支持与文化助残

各地政府和文化机构也在积极推动文化助残工作。政府层面，不仅加大了对无障碍文化设施的投资力度，如建设无障碍图书馆、美术馆和音乐厅，还出台了一系列政策，鼓励和支持文化机构开展针对残障人士的文化活动。这些政策不仅为残障人士提供了更多参与文化活动的机会，也促进了文化机构在助残方面的创新和发展。文化机构响应政府的号召不仅定期举办各类适合残障人士参与的文化活动，如手工艺品展览、无障碍电影放映和文学讲座等，还注重培养残障人士的文化素养和技能。通过邀请专业艺术家和志愿者进行指导和培训，残障人士不仅能够在艺术领域找到自己的兴趣所在，还能通过学习和实践提升自己的技能水平，甚至有机会成为文化领域的佼佼者。例如，上海市档案馆通过优化无障碍设施、培养助残志愿者、定制文化活动等方式，为残障人士提供贴心服务。内蒙古自治区阿拉善盟文化旅游广电局则通过举办文化周、经典诵读等活动，满足残障群体的文化需求。

残障群体的社会融入与文化认同不仅是社会进步的体现，也是实现社会包容性发展的重要途径。通过各方共同努力，可以为残障人士创造更加友好、包容的社会环境。

2.2 公众对残障服务的认知与支持

公众对残障服务的认知与支持是推动残障群体社会融入和生活质量提升的重要因素。以下是基于最新研究和调查数据的分析：

一、公众对残障服务的认知水平

公众对残障服务的认知仍需进一步提高。根据相关研究，无障碍环境的认知得分平均值为 3.67，表明公众对无障碍环境的重要性认识不足。此外，公众对无障碍设施的认知主要集中在观念和作用方面，但对于具体的设计原则、规划标准和服务人群等方面了解较少。更令人担忧的是，当涉及残障人士在日常生活中遇到的实际困难时，公众的同理心和理解程度也显得相对薄弱。一项关于公众对残障人士生活挑战认知的调查显示，仅有 27% 的受访者能够准确列举出残障人士在出行、就业和教育方面所面临的主要障碍。这表明，尽管社会在倡导平等与包容方面取得了一定进展，但在深层次的理解和实际行动上，仍有很大的提升空间。

此外，公众对于残障服务的多元化需求也缺乏足够的认识。许多人错误地认为残障服务仅限于物理环境的无障碍改造，如坡道、电梯和扶手等，而忽视了心理支持、信息交流无障碍以及职业培训等更为广泛的服务范畴。这种认知的局限性导致了残障人士在寻求服务时常常遭遇误解和忽视，进一步加剧了他们的社会孤立感。

为了改善这一现状，加强公众教育显得尤为重要。教育机构、媒体和社会组织应携手合作，通过举办讲座、展览、体验活动和在线课程等多种形式，普及残障服务的全面知识，提升公众对无障碍环境建设重要性的认识。同时，鼓励公众参与无障碍设施的规划和评估过程，让他们从实践中学习和理解残障人士的真实需求，从而培养出更加包容和尊重差异的社会氛围。

二、公众对残障服务的态度

公众对残障人士总体上持支持或同情的态度，但存在一些问题：

（一）对残障群体的需求关注不足。部分公众对无障碍设施的"有障碍"现象表现出冷漠态度，这种态度的根源，往往在于对残障人士生活状态的陌生与疏离，以及对无障碍设施重要性的认识不足。他们或许未曾深入思考，这些看似微不足道的障碍，对于残障人士而言，却是日常生活中难以逾越的鸿沟。面对无障碍设施被占用、损坏或设计不合理的现象，一些人选择视而不见，甚至有人认为这是残障人士"自己的问题"。这种冷漠，实际上是对社会公平与正义的漠视，是对人类多样性和包容性原则的忽视。

（二）由于缺乏特殊教育知识，公众对残障群体存在误解、印象刻板，影响了残障人士的社会参与。这种误解，如同一道无形的墙，将残障人士与社会主流群体隔离开来，让他们在求职、教育、社交等多个领域面临诸多挑战。公众对残障人士的刻板印象也让他们难以融入社会。

（三）公众对残障人士的心理关怀和社交支持需求认知不足，导致残障群体缺乏足够的帮助。这种认知的缺失，不仅限制了残障人士的个人成长，也阻碍了社会的整体进步。使得残障人士在遭遇心理困境时，难以获得及时有效的支持。他们可能因此感到孤独、无助，甚至产生自卑和抑郁的情绪，严重影响着他们的生活质量。同时，社会交往的障碍，不仅剥夺了残障人士享受社交乐趣的权利，也限制了他们通过社交活动拓宽视野、增长见识的机会。

三、残障服务的公众支持现状

近年来,残障服务在政策和实践层面取得了显著进展:

(一)康复服务方面,2023 年数据显示,肢体残疾人是接受基本康复服务的主要群体,占比 49.11%。这一数据背后,反映出了肢体残疾人在康复需求上的迫切性和社会对其康复服务的高度重视。值得注意的是,虽然肢体残疾人占据了康复服务接受者的近半壁江山,但其他类型的残疾人同样需要且渴望得到相应的康复服务。智力、听力、视力以及精神残疾人等群体,在康复服务上的需求同样不容忽视。他们在各自的领域内,面临着不同的挑战和困难,需要个性化的康复方案来帮助他们恢复或提升功能,提高生活质量。

(二)一些社区为了更有效地促进残障人士的社会融入,通过政府购买服务的方式,引入专业的社会工作服务机构。这些机构不仅具备丰富的经验和专业知识,还致力于开展多样化的康复训练项目,旨在提升残障人士的生活自理能力和社交技能。同时,为了丰富他们的精神生活,社区还联合社工机构组织了一系列文化娱乐活动,如手工艺制作、书画欣赏和音乐疗法等,这些活动不仅激发了残障人士的兴趣爱好,也为他们提供了展示自我、交流互动的平台,从而有力地推动了他们更好地融入社会大家庭。

(三)充分利用媒体宣传的广泛影响力,以及丰富多彩的文化活动,全方位、多角度地提升公众对残障服务的认知度和支持度。如定期举办的残疾人文化周、深度专题新闻报道等,通过这些平台,我们不仅传递残障人士自强不息、积极向上的生活态度,还深入介绍各类残障服务的内容、意义及其在社会中的重要作用。这样的宣传与教育策略,不仅增强了公众对残障群体及其需求的了解,更激发了社会各界对残障服务的关注和支持,为推动残障服务的持续发展营造了良好的社会氛围。

四、提升公众认知与支持的建议

为提升公众对残障服务的认知和支持,建议采取以下措施:1.加强宣传与教育。通过多种渠道包括媒体宣传、社区举办的各类活动以及学校教育,来广泛普及无障碍环境和残障服务的重要性。借助媒体的广泛覆盖,传播无障碍环境建设的必要性及其对残障人士生活质量提升的积极影响。社区活动则通过亲身体验和互动,加深居民对残障服务重要性的认识,促进社区的包容性发展。同时,在学校教育中融入无障碍理念和残障服务知识,从小培养孩子们对残障群体的尊重与关爱,为未来社会的和谐共融打下坚实基础。2.改善无障碍设施。优化无障碍设施的设计细节与维护管理,确保其在功能性与美观性上达到最佳平衡。通过引入先进设计理念和技术,提升无障碍设施的适用性和便捷性,同时加强设施的定期检查与维护,保障其持久稳定运行。此外,我们还通过宣传教育活动,增强公众对无障碍设施重要性的认识,鼓励更多人正确使用并受益于这些设施,从而提升整体的使用体验和社会的包容性。3.推动社会参与。鼓励公众参与残障服务项目,如志愿服务和社区活动,增强对残障群体的理解和支持。通过组织定期的志愿服务培训,提升志愿者的专业技能和服务水平,确保他们能够有效地为残障人士提供帮助。不定期举办以残障群体为主题的社区活动,如残障人士才艺展示、无障碍生活体验日等,让公众在参与中亲身体验残障人士的生活,从而增进理解和尊重。通过这些举措,我们希望能够激发社会各界的参与热情,共同为构建一个更加包容和谐的社会贡献力量。4.消除刻板印象。通过全面而深入的教育和宣传活动,致力于减少公众对残障群体普遍存在的误解和偏见。通过这些努力,我们期望能逐步营造一个更加开放、理解和包容的社会环境,让残障人士能够享有平等的社会地位和机会。

公众对残障服务的全面认知与坚定支持,是残障群体顺利融入社会的核心要素。通过不断提升公众对残障服务重要性和必要性的认识,积极改善服务设施,以及广泛推动社会各界的积极参与,我们可以共同为残障人士构建一个更加友好、包容且无障碍的社会环境,让他们在平等与尊重中共享社会发展的成果。

第三节 可持续发展的服务模式

3.1 资源整合与共享机制的优化

残障服务的资源整合与共享机制的优化,是有效提升残障人士生活质量、增强他们社会参与度的重要途径。通过科学合理的资源整合,可以避免服务碎片化，确保各项服务能够形成合力，更好地满足残障人士多样化的需求。同时，共享机制的优化能够打破信息壁垒，促进服务资源的有效流通与高效利用，使得残障人士能够更加便捷地获取所需服务，从而在生活自理、教育就业、社交娱乐等多个方面实现全面发展，真正融入社会大家庭，共享社会进步的成果。

一、建立多元化的资源整合平台

搭建跨部门合作网络，旨在整合各方资源，形成协同效应。通过紧密联动政府职能部门，如残疾人联合会、民政部门、卫生部门等，充分发挥其在政策制定、资源调配、服务监管等方面的优势；同时，携手医疗机构，提供专业的医疗救治和康复指导；联合康复机构，为残障人士提供个性化的康复训练方案；并积极调动社区组织的力量，营造包容、关爱的社区环境。各方通力合作，共同构建起一个全方位、多层次的支持体系，为残障人士提供全面、专业、贴心的服务与支持。

建立信息共享平台，全面整合各类残障服务资源信息。将把康复机构的详细信息、无障碍设施的分布情况以及政府出台的各项政策支持等关键信息，进行系统化、规范化的收集与整理。通过这一过程，形成一个内容丰富、查询便捷的统一资源数据库。这样，残障人士及其家属就能轻松地在平台上查询到所需的信息，无论是寻找合适的康复服务，还是了解无障碍设施的位置，或是掌握最新的政策动态，都能一站式解决，极大地提高了信息查询的效率和使用体验。

二、强化社会支持网络

积极动员社会力量，鼓励社区志愿者、邻里以及各类社会组织参与到残障服务中来。通过他们的热情参与和无私奉献，逐步形成一个温暖而有力的社会支持网络。例如在社区设立残疾人康复中心，为他们提供医院之外的康复训练、心理咨询和专业指导。医院与社区、残联联动为残障人士提供"康复路线图"搭建全生命周期康复服务体系。这个网络体系不仅为残障人士提供必要的情感支持，让他们感受到社会的关爱与温暖，还切实帮助他们解决生活中的实际困难，提供力所能及的生活帮助。

链接外部资源多元合作，与企业、非营利组织建立紧密的合作关系。通过深入沟通与协商，争取资金、物资以及技术等多方面的支持。这些外部资源的注入,可以有效丰富公共服务资源,增强服务能力和水平,为更好地满足残障人士的需求提供有力保障。

三、优化资源配置

精准评估需求,采用入户探访、需求调研等多种方式,深入残障人士及其家庭的实际生活中,全面了解他们的身心状况、生活困境及特殊需求。通过细致的交流和观察,力求做到需求评估的准确无误。在此基础上,根据每个残障人士及其家庭的实际情况,量身定制个性化的服务方案,确保服务能够精准对接需求,切实帮助他们解决实际问题。

针对资源分散、利用效率不高的问题,通过社会工作的专业介入,积极整合社区内的碎片化资源。深入社区,梳理并盘活各类闲置或未充分利用的资源,如志愿者力量、闲置场地、公益物资等。通过有效的组织和协调,将这些碎片化资源整合在一起,形成合力,从而大大提升资源的利用效率,更好地服务于社区内的残障人士及其家庭。

四、提升服务专业性

加强专业培训力度,针对社会工作者、志愿者及相关服务人员,组织开展系统、全面的专业培训。通过专家讲座、实操演练、案例分析等多种形式,不断提升他们的专业素养、服务技能和服务意识。旨在全面增强他们的服务能力,提高服务质量,确保为残障人士提供更加专业、细致、周到的服务。

推动跨专业合作,积极促进社会工作与医疗、康复、教育等多个领域的紧密协同与合作。通过搭建沟通平台、开展联合项目、共享资源信息等方式,打破专业壁垒,促进各领域之间的深度融合。旨在形成一种综合服务模式,为残障人士提供全方位、多层次的支持与服务,满足他们多元化的需求。

五、政策支持与保障

落实政策支持,积极协助残障人士及其家庭申请各类政策扶持。包括帮助他们了解并申请残疾人津贴,以减轻生活负担;协助申请康复救助,确保他们能够获得必要的康复治疗和训练;同时,加强无障碍环境改造,为残障人士创造更加便利的生活环境,提供全过程指导和帮助,确保他们能够顺利享受到政策带来的实惠和便利。

优化相关政策，通过深入社区进行调研，广泛收集残障人士及其家庭的意见和建议。掌握翔实的数据和真实的反馈，为政府相关部门提供残障服务领域的现状和需求。推动政府进一步完善残障服务政策，细化政策条款，提高政策的针对性和可操作性。为资源整合提供坚实的政策保障，确保残障服务工作能够更加有序、高效地开展。

通过以上一系列措施的实施，进一步优化残障服务的资源整合与共享机制，打破各部门、各领域间的壁垒，实现资源的高效配置和合理利用。这将极大地提升残障人士的生活质量，满足他们多样化的服务需求，同时促进他们的社会融入度，帮助他们更好地参与到社会生活中，享受与健全人同等的权利和机会。

3.2 社会参与和志愿者服务的拓展

社会参与和志愿者服务在当代社会中扮演着至关重要的角色，它们的拓展对于推动社会进步、增强社区凝聚力以及提升个人价值具有重要意义。社会参与和志愿者服务是推动社会和谐发展、提升社会治理效能的重要力量。社会参与和志愿服务的拓展是推动社会治理体系协同发展必要途径。

一、社会参与的拓展

社会参与是指社会大众、社会组织、单位或个人作为主体，在其权利义务范围内有目的的参与处理社会公共事务的态度、行动和过程。拓展社会参与的策略有：

（一）完善动员体系

发挥组织动员优势，强化思想政治引领，鼓励党政机关、事业单位、国有企业等发挥带头作用，推动志愿服务常态化。进一步深化对志愿服务重要性的认识，将志愿服务作为加强社会精神文明建设、促进社会和谐稳定的重要途径。党政机关要率先行动，将志愿服务纳入日常工作计划，组织党员干部深入社区、走进群众，开展形式多样的志愿服务活动。事业单位要充分发挥自身专业优势，为志愿服务提供智力支持和技术保障，推动志愿服务专业化、精准化发展。国有企业要履行社会责任，积极参与志愿服务项目，为构建和谐社会贡献力量。

拓宽社会动员渠道，鼓励企业、社会组织和新就业群体参与志愿服务，履行社会责任。积极探索和创新动员方式，打破传统界限，让志愿服务成为社会各界共同参与的公益事业。企业作为社会经济的重要组成部分，应充分发挥自身优势，将志愿服务纳入企业文化，鼓励员工积极参与志愿服务活动。可以通过设立企业志愿服务基金、提供志愿服务假期等方式，激发员工的志愿服务热情，同时提升企业的社会形象和品牌价值。社会组织作为志愿服务的重要载体，应进一步加强自身建设，提高服务能力和水平。要积极承接政府转移的职能，开展形式多样的志愿服务项目，满足社会多元化需求。同时，要加强与社会各界的沟通与合作，形成志愿服务合力，共同推动社会进步。新就业群体作为新兴的社会力量，也应积极参与到志愿服务中来。无论是网约车司机、外卖骑手还是自由职业者，都可以利用自己的空闲时间，为需要帮助的人提供力所能及的帮助。可以通过搭建志愿服务平台、提供志愿服务培训等方式，引导新就业群体积极参与志愿服务，让他们在服务他人的过程中实现自我价值。

利用网络平台创新动员方式，实现线上线下互动，让志愿服务"人人可为、处处可为"。充分发挥互联网技术的优势，打造便捷高效的志愿服务平台，让志愿者与需求者能够轻松对接，实现资源的优化配置。在线上，可以建立志愿服务信息库，涵盖各类志愿服务项目、志愿者信息、服务需求等，方便志愿者根据自己的兴趣和能力选择合适的服务项目。同时，通过开发志愿服务APP、小程序等，提供报名、签到、记录服务时长等功能，让志愿服务更加便捷、高效。此外，还可以利用社交媒体、短视频平台等，发布志愿服务宣传视频、故事分享，激发更多人的志愿服务热情。在线下，要加强与社区、学校、企事业单位等的合作，设立志愿服务站点，提供志愿服务咨询、培训、交流等场所。通过组织志愿服务活动、开展志愿服务讲座等方式，普及志愿服务知识，提高公众对志愿服务的认知度和参与度。同时，要鼓励志愿者将线上学到的知识和技能运用到线下服务中，形成线上线下相互促进的良好局面。例如设立"互联网+志愿服务"项目，采用线上招募、线下服务、线上反馈的运作模式。通过这种模式，既可以让更多人了解到志愿服务的机会和意义，又可以让志愿者在服务过程中得到成长和收获，还可以让需求者得到及时有效的帮助和支持。

（二）强化政策引领

各地出台配套政策，如将志愿服务纳入公务员考录、企事业单位招聘考察内容，探索"志愿+信用"积分激励办法，以此进一步激发社会公众参与志愿服务的热情。这些政策不仅体现了对志愿服务的高度重视，也为志愿服务的长远发展提供了有力保障。在公务员考录中，将志愿服务经历作为考察内容之一，以引导广大考生积极参与志愿服务，培养社会责任感和服务意识。同时，也有助于选拔出具备奉献精神、乐于助人的优秀人才，为公共服务领域注入新鲜血液。企事业单位在招聘过程中，同样将志愿服务作为考察的重要方面。这一举措不仅有助于企业筛选出具有社会责任感、团队合作精神的员工，还能提升企业的社会形象，增强企业的凝聚力。员工在志愿服务中锻炼出的沟通能力、组织协调能力和解决问题的能力，也将为企业的长远发展提供有力支持。此外，"志愿+信用"积分激励办法的探索，更是为志愿服务注入了新的活力。通过将志愿服务与个人信用体系相结合，建立志愿服务积分制度，对积极参与志愿服务的个人给予信用加分，并在相关领域提供优惠政策或便利服务。这一做法既肯定了志愿者的贡献，又激励了更多人参与到志愿服务中来，形成了良好的社会风尚。

提供经费保障，鼓励社会捐赠，完善保险产品和服务，保障志愿者合法权益。为此，各级政府应设立专项基金，确保志愿服务活动的顺利开展。这笔经费将用于支持志愿服务项目的策划、实施与评估，为志愿者提供必要的培训、装备和补贴，让志愿者在无私奉献的同时，也能感受到社会的关怀与支持。积极鼓励社会捐赠，拓宽志愿服务的资金来源。通过线上线下相结合的方式，发起公益募捐活动，吸引更多爱心企业和个人参与到志愿服务事业中来。募捐所得款项将专款专用，透明公开，确保每一分钱都能用于公益事业。在完善保险产品和服务方面，要为志愿者提供全面的保障。针对志愿服务过程中可能遇到的风险，开发适合的保险产品，如意外伤害保险、医疗保险等，为志愿者提供及时有效的救助和赔偿。加强保险服务的便捷性和可及性，让志愿者在需要时能够迅速获得保险保障，解除他们的后顾之忧。此外，还要建立健全志愿者权益保护机制，确保志愿者的合法权益得到充分保障。制定相关法律法规，明确志愿者的权利与义务，为志愿者提供法律支持。加强志愿服务组织的监管，规范志愿服务活动，防止志愿者权益受到侵害。同时，加大对志愿者权益保护的宣传力度，提高社会公众对志愿者权益保护的认识和重视程度。

（三）提升社会参与的广度和深度

推动志愿服务融入基层治理，通过"五社联动"机制，将社会工作与志愿服务紧密结合。这一机制的有效运行，不仅促进了社区资源的有效整合，还极大地提升了基层治理的效能和水平。在"五社联动"的框架下，社区、社会组织、社会工作者、社区志愿者和社会慈善资源五大要素相互支撑、协同作用。社区作为基层治理的基本单元，为志愿服务提供了广阔的舞台和丰富的实践机会。社会组织则发挥着桥梁和纽带的作用，连接着政府、市场和社会，为志愿服务提供组织保障和专业支持。社会工作者作为专业的服务提供者，运用专业知识和技能，为志愿者提供培训、指导和监督，确保志愿服务的质量和效果。他们与志愿者紧密合作，共同开展各类社区服务活动，满足居民的多元化需求，增强社区的凝聚力和归属感。社区志愿者作为志愿服务的主体力量，他们来自各行各业，怀揣着对公益事业的热爱和奉献精神，积极投入到基层治理的各个环节中去。无论是环境整治、扶贫帮困，还是疫情防控、心理疏导，都能看到他们忙碌的身影。他们的无私奉献和辛勤付出，为构建和谐社区、推动社会进步作出了重要贡献。同时，社会慈善资源作为志愿服务的重要补充，为志愿服务提供了必要的物质支持和资金保障。通过慈善捐赠、公益募捐等方式，汇聚社会各界的爱心和力量，为志愿服务事业的持续发展注入了源源不断的动力。实践证明，"五社联动"机制将社会工作与志愿服务紧密结合，推动了志愿服务融入基层治理的各个领域和环节。这一机制的有效运行，不仅提升了基层治理的效能和水平，还促进了社区的和谐稳定和繁荣发展。

在社区、乡村等基层单位开展多样化服务项目，如关爱弱势群体、为残障群体提供康复指导、文化服务均等化等。关爱弱势群体，深入社区、乡村，走访那些孤寡老人、困境儿童，倾听他们的心声，了解他们的需求，为他们送去温暖和关怀，在生活上给予帮助，心灵上给予慰藉，让他们感受到了社会的温暖和力量；为残障群体提供康复指导，是助残工作的重中之重。邀请专业的康复师和医疗团队，为残障人士提供个性化的康复计划和服务。从简单的日常生活技能训练，到复杂的康复训练，陪伴他们一步步走出困境，重拾生活的信心和希望。积极开展残障人士就业培训，帮助他们融入社会，实现自我价值；文化是社会的灵魂，是人类的精神家园。实现文化服务均等化，是文化助残追求的目标。注重在基层单位推广文化服务，让每一个人都能享受到文化的滋养和熏陶。设立图书阅览室、文化活动室，定期举办文化讲座、文艺演出等活动，让基层群众在忙碌的生活中找到一片宁静的精神净土。这些多样化服务项目的开展，不仅能让基层群众感受到社会的关爱和温暖，也提升了他们的幸福感和获得感。孤寡老人脸上洋溢出的笑容，困境儿童欢快的笑声，才是残障人士一步步走向康复和自立最好的见证。

二、志愿者服务的拓展

志愿服务是社会文明进步的重要标志，也是组织广大群众服务他人、奉献社会的重要载体。志愿者服务的拓展可以通过以下路径：

（一）创新参与模式，扩大覆盖范围

数字化赋能同样适用于志愿者服务。通过社交媒体、在线平台（如志愿者匹配平台、公益众筹平台），可以有效降低参与公益的门槛，使得更多年轻人及远程志愿者能够轻松加入进来。这些平台不仅提供了便捷的报名和参与渠道，还让公益信息更加透明、公开，增强了公众的信任感和参与度。例如，利用先进的虚拟现实（VR）技术，开展远程教育和线上心理咨询等服务。通过VR技术，志愿者们可以跨越地域限制，为偏远地区的孩子们带来沉浸式的课堂体验，让他们仿佛置身于真实的教室中，享受高质量的教育资源。线上心理咨询借助VR技术，为需要帮助的人群提供更加私密、安全的咨询环境，使得心理咨询服务更加普及和便捷。这些数字化手段的运用，不仅拓宽了公益服务的领域，也提高了公益服务的效率和质量。

推动社区化参与。深入挖掘社区潜力，进行"在地化"服务，鼓励居民积极参与到社区帮助残障人士的生活、康复、文化等日常生活中来。通过组织各类社区活动，如邻里互助会、残障志愿者行动、老年关怀小组等，激发居民的参与热情，增强他们的归属感和责任感。在这个过程中，居民们相互帮助、相互支持，共同为社区的和谐与发展贡献力量，逐渐形成具有浓厚人情味和互助精神的"互助型社区"。

进行专业化分工。针对不同领域（如医疗、教育、文化）的需求，招募具有专业技能的志愿者，以提升服务效率和质量。例如，在医疗领域，招募有资质的医生志愿者，组织他们参与偏远地区的义诊活动。这些医生志愿者可以凭借专业的医疗知识和丰富的临床经验，为当地居民提供及时、有效的医疗服务，有效缓解偏远地区医疗资源匮乏的问题。通过这样的专业化分工，确保志愿服务的针对性和有效性，也为社会的和谐与发展贡献专业力量。

（二）提升业务能力，加强队伍建设

加强志愿者培训力度，全面提升志愿者的专业技能和服务水平，是推动志愿服务向专业化、精细化方向发展的重要举措。通过系统的培训课程和实践锻炼，使志愿者掌握必要的服务技能，提高服务质量和效率；探索"专业社工＋志愿服务"的新模式，充分发挥社会工作专业人才的示范带动作用。专业社工以其专业的知识和经验，为志愿者提供指导和支持，帮助志愿者更好地理解和应对服务中的挑战，共同推动志愿服务事业的蓬勃发展。

加强志愿者队伍建设，完善志愿者培训和管理机制，提高志愿者的服务能力和服务质量，是推动志愿服务事业持续健康发展的关键所在。因此，要进一步优化培训体系，不仅注重理论知识的传授，更要强化实践操作技能的培训，确保每位志愿者都能熟练掌握服务技能，提升服务实效。同时，引入现代管理理念和方法，建立科学合理的志愿者管理机制，明确志愿者的职责与权益，激发其内在动力，形成良好的工作氛围。在志愿者队伍建设上，既要注重数量的增长，更要追求质量的提升。通过广泛宣传，吸引更多有志于社会公益的人士加入志愿者行列，特别是要鼓励青年学生、专业技术人员及社会各界精英积极参与，为志愿服务注入新鲜血液和创新活力。加强对志愿者的关怀与支持，建立健全激励机制，对表现突出的志愿者给予表彰和奖励，增强其荣誉感和归属感，从而吸引更多人长期投身于志愿服务事业。此外，加强志愿者之间的交流与协作也是提升队伍整体效能的重要途径。定期组织志愿者分享会、经验交流会等活动，搭建起志愿者之间相互学习、共同成长的平台。通过团队协作，不仅可以提升志愿服务的效率和质量，还能增进志愿者之间的友谊与信任，形成强大的团队凝聚力。

（三）完善服务阵地，巩固建设成果

通过合理布局，精心规划，在社区中心、关键公共服务设施以及文化地标性场馆等人员密集且需求多样的地点广泛设立志愿服务站点，确保志愿服务能够深入基层，实现服务阵地的全面覆盖。这些站点，既能紧密连接志愿者与受助者，又高效整合了社区资源，为居民提供触手可及、温暖人心的服务。通过这一布局，构建一个便捷、高效、全面的志愿服务体系，让爱与关怀渗透到城市的每一个角落。作为最接近居民生活的服务窗口，通过组织多样化的志愿服务活动，如关爱老人、儿童辅导、环境美化等，有效增强社区的凝聚力和居民的幸福感。公共服务设施站点，依托其独特的地理位置，为过往行人提供信息咨询、紧急救助等便捷服务，保障公共设施的高效运行和市民的安全出行。文化场馆的志愿服务站点作为文化传播的桥梁，引导游客参观展览、解读艺术作品，提升公众的文化素养，促进文化的传承与发展。

注重志愿服务项目的实效性和创新性，如"邻里守望"项目、"窗帘行动"等，充分体现对服务对象需求的精准把握和贴心服务。在此基础上，探索更多富有创意且贴近民生的志愿服务项目，如"智慧助老"计划，利用现代科技手段，如智能穿戴设备、远程医疗服务等，为老年人提供便捷的健康管理与生活辅助，让科技的温度温暖银发一族。"绿色出行倡导者"项目则鼓励居民采用低碳环保的出行方式，通过组织骑行活动、共享单车推广等，不仅减少了碳排放，还增强了公众的环保意识，让绿色生活成为新风尚。此外，"书香传递"图书角项目，在社区公共空间设立小型图书角，定期更新书籍，既丰富了居民的精神文化生活，又促进了邻里间的文化交流与共享。而"微心愿实现计划"则通过线上平台收集居民的小小心愿，如为孤寡老人庆生、为困难家庭孩子赠送学习用品等，再由志愿者一对一认领实现，让每一个微小的心愿都能绽放光芒，传递着社会的温情与关怀。这些项目不仅展现了志愿服务的创新活力，更深刻体现了对服务对象个性化需求的深刻理解与尊重。每一项活动的成功实施，都是志愿者智慧与爱心的结晶，它们如同一束束光，照亮了需要帮助的人们的心房，也汇聚成推动社会和谐发展的强大力量。

（四）增强文化引领，弘扬志愿精神

通过丰富多彩的文艺作品和独具匠心的文创产品等多种生动形式，广泛传播志愿文化的精髓与魅力，从而有效营造全社会积极参与志愿服务的浓厚氛围。通过一系列以志愿服务为主题的影视、戏剧表演、音乐等文艺作品，展现志愿者们的无私奉献精神和感人至深的服务故事，触动人心，激发社会各界的共鸣与参与热情。融合志愿文化元素的创意产品，如精美的志愿服务主题徽章、富有设计感的环保袋以及蕴含深刻寓意的文具套装等，这些产品不仅具有实用价值，更成了传播志愿精神、弘扬正能量的独特载体,进一步推动了志愿文化的普及与深入人心。开展学雷锋等文明实践活动,积极弘扬志愿精神,传递社会正能量。我们充分利用各种重要时间节点和渠道,如学雷锋纪念日、中国青年志愿者服务日等具有特殊意义的日期,以及社区、学校、企事业单位等多种平台,组织形式多样的志愿服务活动。通过这些活动,不仅让参与者深刻体会到"奉献、友爱、互助、进步"的志愿精神内涵,更在全社会范围内营造出一种关心、支持并积极参与志愿服务的良好氛围。这些实践活动不仅提升了公众对志愿服务的认知与认同,更为构建和谐社会、推动社会文明进步贡献了积极力量。引领志愿服务蔚然成风,成为社会各界广泛参与的一项崇高事业。

三、社会参与与志愿者服务的相互促进

社会参与和志愿者服务之间存在着相互促进的关系。一方面,社会参与的拓展为志愿者服务提供了更广阔的空间和舞台,使得志愿者能够更多地参与到社会公共事务中来,发挥自己的作用和价值。另一方面,志愿者服务的拓展也推动了社会参与的深入发展,增强了公民的社会责任感和参与意识,促进了社会的和谐与进步。总之,社会参与和志愿者服务的拓展对于推动社会进步、增强社区凝聚力以及提升个人价值具有重要意义。我们应该积极倡导和参与社会公共事务,投身到志愿服务事业中来,共同为构建和谐社会贡献自己的力量。

第四节 国际交流与合作的机遇

4.1 国际残障服务标准的接轨

接轨国际残障服务标准是推动残障人士更好地融入社会、享受平等服务的重要举措。

一、国际残障服务标准的主要内容

国际残障服务标准涵盖了多个领域,包括无障碍环境建设、信息无障碍、就业支持、交通服务等。例如,万维网联盟(W3C)的Web无障碍标准计划(WAI)

致力于推动互联网的无障碍设计,发布了如 Web 内容无障碍指南(WCAG)等规范。此外,欧盟推行的"为所有人设计"通用设计原则,强调在产品和服务设计中兼顾残疾人需求。

二、中国在残障服务标准接轨方面的实践

中国在多个领域积极推动残障服务标准与国际接轨:

(一)民航领域:中国民航局在 2008 年北京残奥会筹备期间,制定了《北京奥运会(残奥会)残疾人航空运输政策》,并在硬件设施和服务规范上与国际接轨。国航也制定了《国航美国航线航班特殊旅客服务标准及流程》,探索残障旅客服务新模式。

(二)无障碍环境建设:一些城市如泰州,对城市道路和公共设施进行无障碍改造,采用与国际接轨的设计标准,如铺设符合国际标准的盲道。

(三)旅游领域:浙江旅游职业学院推动无障碍旅游服务标准的制定和实践,致力于填补无障碍旅游服务领域的标准空白,构建无障碍旅游标准体系。

三、面临的挑战与未来展望

尽管中国在残障服务标准接轨方面已经取得了显著的进展,但在推进这一进程中仍然面临着一些不容忽视的挑战。其中,国内部分地区的无障碍环境建设仍然有待进一步完善,这是确保残障人士能够平等参与社会生活的重要基础。此外,残疾人就业统计标准与国际标准之间存在的差异也是亟待解决的问题,它直接关系到对残疾人就业状况的准确评估和改善措施的制定。

面对这些挑战,未来中国需要进一步加强国际合作,积极学习借鉴国际上的先进经验和做法。通过与国际组织和其他国家的交流与合作,可以更加全面地了解国际残障服务标准的最新动态和发展趋势,从而有针对性地完善国内的相关标准和服务体系。这将有助于我国更好地保障残障人士的权益,推动残障服务事业的持续健康发展。

国际残障服务标准的接轨,不仅仅局限于技术操作层面的简单对接与融合,它更深层次地体现了对残障人士权益保障的高度重视与全面提升。这一接轨过程,意味着我国将以更加国际化的视野和标准,来审视和优化残障服务,确保每一位残障人士都能享受到高质量、人性化的服务。这不仅有助于推动残障服务行

业的规范化、专业化发展，更能在全社会范围内营造出一种更加包容、平等、尊重残障人士的良好氛围，为构建一个无碍、和谐的社会环境奠定坚实的基础。

4.2 跨国合作项目的可能性与价值

跨国合作项目在当今全球化背景下具有很大的可能性和价值，尤其是在残障服务标准的国际化进程中，跨国合作能够带来多方面的积极影响。

一、跨国合作项目的可能性

（一）政策与法律环境的支持

许多国家和地区通过制定和实施一系列法律法规，有力地保障了残障人士的基本权利，并推动了无障碍环境建设和服务标准的持续提升。例如，巴西政府通过立法明确规定，企业需按照其员工总人数的一定比例雇用残障人士，这一举措不仅促进了残障人士的就业，还增强了社会对残障群体的包容性。这种以法律为基础的政策导向，不仅为残障人士创造了更加公平、友好的社会环境，也为跨国合作提供了坚实的法律基础。在此背景下，跨国企业能够更有信心地参与残障服务领域的国际合作，共同推动服务质量的提升。同时，国际组织如联合国及其下属机构，以及"一带一路"等国际经济合作倡议，也为跨国合作提供了重要的框架支持和政策引导。这些国际组织通过制定国际标准、提供技术援助和资金支持等方式，促进了跨国合作的顺利开展，推动了全球残障服务事业的共同进步。

（二）技术与资源共享

跨国合作能够高效地整合不同国家的技术和资源，从而显著提升服务效率与质量。以新加坡为例，该国通过不断完善无障碍设施，如增设无障碍通道、优化公共交通系统等，为残障人士营造了一个更加友好、便捷的社会环境。这种基于本土需求的国际化合作，不仅增强了残障人士的独立生活能力，还促进了社会的整体包容性。对于跨国企业而言，通过国际合作引入先进的无障碍技术，是提升服务标准的重要途径。这些技术不仅涵盖了硬件设施的创新，如智能辅助设备、无障碍信息交流系统等，还包括了软件服务的优化，如个性化服务方案、远程支持平台等，共同推动了残障服务行业的革新。此外，跨国并购与合作还能带来显著的技术引进与自主研发能力和设计标准的提升。例如，吉利集团通过与德国戴姆勒公司的深度合作，不仅成功引入了先进的汽车制造技术，还在此基础上加强了自身的研发实力、提升了产品和服务的执行标准，推动了产品和技术的不断创新，为企业赢得了更广阔的国际市场。

（三）市场需求与文化多样性

不同国家的市场需求和文化背景的多样性，为跨国合作提供了极为广阔的空间和丰富的可能性。跨国企业可以通过与当地企业、社会组织或政府部门的深入合作，更全面地了解并适应当地市场的独特环境，从而精准地满足残障人士的多样化需求。这种合作不仅有助于提升残障服务的质量和效率，还能促进国际的经验交流与知识共享，推动全球残障服务事业的共同进步。

（四）国际经济合作平台的推动

"一带一路"倡议等国际经济合作平台为跨国合作开辟了前所未有的新机遇，极大地促进了全球经济的互联互通。例如，全球领先的电梯制造商奥的斯公司，通过积极参与"一带一路"倡议，成功拓展了海外市场，不仅扩大了公司的国际影响力，还获得了来自东道国的互补性资源，如优质的原材料供应、专业的技术支持以及广阔的市场空间。这些资源的整合，进一步增强了奥的斯公司的全球竞争力，促进了参与国经济的共同发展，同时也将无障碍电梯产品、技术和服务标准引入中国。

二、跨国合作项目的价值

（一）提升服务标准与质量

跨国合作在促进残障服务标准的国际化接轨方面扮演着至关重要的角色。例如，中国积极与国际助残联盟携手合作，共同推动残障人士融合就业项目，这一举措不仅促进了残障人士平等参与社会劳动的机会，还形成了具有示范意义的良好就业服务模式，为国际残障服务领域树立了标杆。

新加坡和德国等国家在无障碍环境建设、教育和就业支持方面的丰富经验，为国际社会提供了宝贵的借鉴。新加坡以其先进的无障碍设施设计和周到的服务，展示了如何构建一个对残障人士友好的城市环境；而德国则在教育和就业支持方面展现了其深厚的底蕴，通过系统的政策支持和完善的服务体系，确保了残障人士在教育、就业等方面的平等权利。这些国家的成功案例，无疑为其他国家在提升残障服务水平、推动国际化接轨的道路上提供了有益的参考。

(二)促进社会包容与经济发展

跨国合作项目在推动残障人士更好地融入社会、提升其经济参与度方面发挥着积极作用。以陕西圆通为例,该公司通过与当地社会组织紧密合作,专门设立了针对残障人士的就业岗位,不仅为他们提供了自力更生的机会,还促进了社会的整体包容性与和谐。这种合作模式不仅彰显了企业的社会责任感,也为残障人士打开了通往更广阔世界的大门。此外,跨国合作还能通过优化供应链管理和提升品牌价值,显著增强企业在全球市场的竞争力。通过与国际伙伴的深度协作,企业能够整合全球资源,实现供应链的精益化管理,降低成本,提高效率。同时,借助国际合作平台,企业能够拓宽国际市场视野,提升品牌形象与知名度,从而在激烈的国际竞争中占据有利地位。

(三)创新与知识共享

跨国合作作为一种有效的国际合作模式,极大地促进了不同国家和地区之间的知识共享与创新发展。例如,通过跨国并购,企业不仅能够迅速扩大市场份额,更重要的是,能够获取目标企业先进的管理经验和技术资源。这些宝贵的资源如同催化剂,能够显著提升并购企业的运营效率和技术水平,进而增强其自身的创新能力,使企业在激烈的市场竞争中保持领先地位。

在残障服务领域,通过与国际先进机构的合作,可以引入一系列全新的服务理念和技术手段,这些新理念和技术往往基于国际最佳实践,能够极大地推动无障碍服务的创新与发展。借助跨国合作的力量,残障服务领域能够不断突破传统束缚,探索出更加高效、人性化的服务模式,为残障人士提供更加贴心、便捷的服务体验。

(四)增强国际友好关系

跨国合作项目不仅能够实现经济效益、促进经济发展目标的达成,还能在更深层次上促进不同国家和地区之间文化的交流与理解。通过项目合作,各方有机会亲身体验和深入了解彼此的文化传统、价值观和工作方式,这种直接的互动有助于打破文化隔阂,增进相互之间的理解和尊重。同时,跨国合作项目也是增进国际友好关系的重要途径,它能够搭建起沟通的桥梁,促进国家间的友好往来与合作,为构建更加和谐稳定的国际环境贡献力量。

三、国际残障服务标准跨国合作的案例

（一）"一带一路"框架下的合作

中国政府积极倡议并致力于加强共建"一带一路"国家在残疾人社会保障、医疗康复、辅助器具等关键领域的深入合作，旨在全面推动《残疾人权利公约》和《2030年可持续发展议程》的有效落实。这一倡议不仅体现了中国政府对残疾人福祉的高度重视，也彰显了其在推动全球残疾人事业发展中扮演的积极角色。通过深化国际合作，中国政府期望与共建"一带一路"国家共同构建一个更加包容、无障碍的社会环境，确保残疾人能够平等地享有各项权利和服务。

（二）跨国企业推动无障碍服务

跨国企业，如电梯制造商奥的斯公司通过国际合作，引入先进的无障碍设施技术，提升服务标准。这些技术的应用，不仅体现在硬件设施的升级上，更融入了人性化设计的理念，使得残障人士在日常生活中能够享受到更加便捷、安全的服务。

奥的斯与国际顶尖的无障碍设施研发团队紧密合作，共同研发出了一系列创新产品。例如，他们推出的智能无障碍电梯，不仅具备基本的升降功能，还融入了语音识别、手势控制等先进技术，使得操作更加简便，极大地提升了残障人士的使用体验。此外，奥的斯还引入了先进的无障碍扶手、坡道等辅助设施，确保残障人士在出行过程中能够畅通无阻。在提升服务标准方面，奥的斯同样不遗余力。他们定期对员工进行无障碍设施操作和维护的培训，确保每一位员工都能熟练掌握相关技能，为残障人士提供优质的服务。同时，奥的斯还建立了完善的客户反馈机制，积极收集并听取残障人士的意见和建议，不断优化和改进服务流程，确保服务质量的持续提升。

通过国际合作，奥的斯不仅成功地将先进的无障碍设施技术引入中国，还推动了国内无障碍设施行业的快速发展。他们的成功经验，为其他企业提供了有益的借鉴和启示，共同推动了全球无障碍设施技术的进步和服务标准的提升。

结　论

跨国合作项目在提升残障服务标准、促进社会包容与经济发展方面展现出巨大的可能性与价值。这些项目通过多维度的合作机制，包括有力的政策支持、深

入的技术共享、精准的市场需求满足以及国际经济合作平台的积极推动，为残障人士构建了一个更加友好、包容的社会环境。同时，这些合作也为企业和国家带来了显著的经济与社会效益。

　　政策支持是跨国合作项目得以顺利推进的重要保障。各国政府通过制定相关法律法规，为跨国合作提供了坚实的法律基础，确保了项目的合规性和可持续性。技术共享则促进了国际先进无障碍技术的交流与融合，提升了整体服务水平和效率。市场需求满足方面，跨国合作项目精准对接残障人士的实际需求，为他们提供了更加个性化、高质量的服务。而国际经济合作平台的推动，则进一步拓宽了合作领域，深化了合作层次，为项目的长远发展奠定了坚实基础。

参考文献

[1] 邢军.发达国家公共图书馆的发展趋势[J].图书馆学刊,2010,32(11):106-107.

[2] 朱纯学.美国公共图书馆残障用户服务及对我国的启示[J].图书馆界,2016,154(05):65-68.

[3] 刘涵.大英图书馆残障读者服务现状及启示[J].河北科技图苑,2022,35(03):36-40.

[4] 马捷,赵天缘,徐晓晨.国内外公共图书馆面向阅读障碍症群体服务的比较分析[J].图书情报工作,2018,62(20):24-32.

[5] 陈艳伟.我国图书馆残疾读者服务研究综述[J].图书馆研究与工作,2018(05):71-75.

[6] 刘博涵.法国国家图书馆残障读者服务现状及启示[J].图书馆建设,2016(10):63-67.

[7] 王林军.俄罗斯盲人图书馆视障服务的特点与启示[J].山东图书馆学刊,2015(01):101-104.

[8] 王薇.日本公共图书馆的残障文献资源建设实践与启示[J].图书馆建设,2013(06):22-25.

[9] 夏凡.加拿大图书馆界为残疾人服务之现状及启示[J].图书馆建设,2008(03):100-101.

[10] 肖永英.英国为视障人士提供的图书馆服务[J].图书馆建设,2006(04):82-84.

[11] 刘秀艳.图书馆定义新探[J].图书馆建设,1992(04):10.

[12] 沈国弟.对图书馆定义的反思[J].图书馆理论与实践,2005(01):72-73.

[13] 王素芳.从物理环境无障碍到信息服务无障碍:我国公共图书馆为残疾群体服务现状调研及问题、对策分析[J].图书馆建设,2010(11):19-27,31.

[14] 尤小明.俄罗斯联邦图书馆事业联邦法[1994年1月26日国家杜马通过][J].图书馆界,1996(2):49-55.

[15] 王林军.《俄罗斯的联邦主体盲人图书馆工作规范》[J].西伯利亚研究,2013(5):90-91.

[16] 刘文艳,完颜邓邓,戴艳清.我国公共数字文化服务可及性现状调查研究[J].国家图书馆学刊,2023,32(2):70-80.

[17] 完颜邓邓,陶成煦.国外公共数字文化资源整合项目中的特殊群体包容性研究[J].图书情报工作,2022,66(12):37-47.

[18] 李月琳,张昕.数字图书馆交互评估:从理论构建到工具开发[J].大学图书馆学报,2018(2):59-70.

[19] 戴艳清,胡逸夫.公共数字文化服务可及性要素研究[J].图书情报工作,2022,66(16):57-68.

[20] 王勇,刘佳佳.数字技术赋能图书馆智慧化服务:逻辑、障碍与纾解路径[J].图书馆,2024(1).

[21] 王佳琪.人工智能赋能残障人士生活方式的探讨[J].数字技术与应用,2024(8):7-9.

[22] 中国盲文出版社:为盲人点亮浩瀚书海之灯[EB/OL].[2018-08-17].http://wap.zgmx.org.cn/newsdetail/d-68228-0.html

[23] AI又一新突破!"眼神打字"更快更省力,研究登上Nature子刊[EB/OL].[2024-11-25].https://www.thepaper.cn/newsDetail_forward_29447170

[24] 盲人的眼、老人的耳,AI能否帮助残障者重连世界[EB/OL].[2025-01-06].https://news.qq.com/rain/a/20250106A05GCK00

[25] 中国新闻网|科技赋能助残事业 数字之光何以照亮残疾人未来?[EB/OL].[2024-12-31].https://www.thepaper.cn/newsDetail_forward_29810683

[26] 智力助残|上海图书馆东馆的无障碍服务[EB/OL].[2023-12-03].https://www.sohu.com/a/741012894_121124735?scm=1102.xchannel;325;100002.0.6.0

［27］焕新升级！"最美图书馆"的无障碍之路［EB/OL］.［2024-11-15］. https://news.xinmin.cn/2024/11/15/32775761.html

［28］"耳畔闻万物 心中晓自然"——南京图书馆举办视障人士野生动物保护知识科普活动［EB/OL］.［2023-12-22］. http://www.jslib.org.cn/zx/gqsb/202312/t20231222_272711.html

［29］中国盲文图书馆推出北京中轴线主题馆藏展览［EB/OL］.［2024-09-19］. http://blc.org.cn/cbph/ArticleContent.aspx?ID=133&CategoryID=388

［30］"听音识古建·对话中轴线"公益研学活动举行［EB/OL］.［2024-10-19］. https://finance.sina.com.cn/jjxw/2024-10-19/doc-inctazpv0485014.shtml

［31］刘璞. 残障人受教育权保障的国家义务理论与实践［M］. 北京：中国民主法制出版社, 2021.

［32］张万洪. 残障权利研究［M］. 北京：社会科学文献出版社, 2019.

［33］岳培宇. 残障人士休闲参与与社会融入关系研究［M］. 成都：四川大学出版社, 2017.

［34］杨方方. 政府与民间组织的合作基于残障人士社会保障发展模式研究［M］. 北京：中国社会科学出版社, 2014.

［35］（英）奥利弗. 李敬译. 残障人士社会工作［M］. 北京：人民出版社, 2015.

［36］（爱尔兰）奎因. 李敬译.《残疾人权利公约》研究［M］. 北京：人民出版社, 2015.

［37］李扬译. 日本著作权法［M］. 北京：知识产权出版社, 2011.

［38］张建文译. 俄罗斯知识产权法—《俄罗斯民法典》［M］. 北京：知识产权出版社, 2011.

［39］郑杭生. 包容共享 社会管理的精神内核［M］. 北京：中国人民大学出版社, 2014.

［40］郑杭生. 多元利益诉求时代的包容共享与社会公正［M］. 北京：中国人民大学出版社, 2014.

［41］朱玲. 包容性发展与社会公平政策的选择［M］. 北京：经济管理出版社, 2013.

［42］亢琦, 高玉波, 任杰, 卢胜利. 信息技术在图书馆的应用［M］. 北京：海洋出版社, 2023.

［43］吴玉灵, 廖叶丽. 现代图书馆智慧服务理论技术与实践［M］. 南昌：江西高校出版社, 2022.

［44］付立宏. 公共图书馆用户权力义务规范配置研究［M］. 武汉：武汉大学出版社, 2021.

[45] 周文杰.公共图书馆体系化服务六论[M].北京：中国社会科学出版社，2017.

[46] 彭红霞.儿童有声阅读研究[M].郑州：郑州大学出版社，2022.

[47] 袁丽华.图书馆残疾人无障碍阅读服务研究[M].南京：东南大学出版社，2022.

[48] 缪建新主编.志愿者与图书馆阅读推广[M].北京：朝华出版社，2020.

[49] 胡昌平等.国家创新发展中的信息服务跨系统协同组织[M].武汉：武汉大学出版社，2023.

[50] 刘鑫.基于保障公民阅读权利的图书馆制度研究[M].哈尔滨：黑龙江大学出版社，2023.

[51] 徐志熹.图书馆统一业务规范研究[M].成都：四川大学出版社，2021.

[52] 吴冬曼.基于用户需求的图书馆服务质量评价研究[M].上海：上海交通大学出版社，2012.

[53] 洪伟达，王政.图书馆保障弱势群体公共信息获取的权益的对策研究[M].北京：知识产权出版社，2016.

[54] 王政，洪伟达.图书馆为阅读困难群体服务的对策研究[M].北京：知识产权出版社，2018.

[55] 褚树青，栗慧.杭州图书馆ISO9000质量管理体系建设实践[M].北京：国家图书馆出版社，2015.

[56] 廖慧卿.残障人士支持性就业 服务与政策体系[M].北京：中国社会科学出版社，2022.

[57] 卢海燕.国外图书馆法律选编[M].北京：知识产权出版社，2014.

[58] 张虎.理解、尊重与包容 残疾问题的哲学阐释[M].北京：中国社会科学出版社，2022.

[59] 李晓新，于良芝，许晓霞.平等 包容 和谐 社会资本理论对公共图书馆使命的诠释[M].天津：南开大学出版社，2018.

[60] 丁鹏.残障人实现司法正义研究 一种实践人权的人性能力新论[M].北京：社会科学文献出版社，2024.

[61] 李旭.人工智能背景下公共图书馆肢体残障用户无障碍服务研究[D].郑州：郑州航空工业管理学院，2023.

[62] 严雪景.残疾人信息无障碍权的法律保护研究[D].贵阳：贵州大学，2022.

[63] 杨志顺.人工智能背景下公共图书馆视障用户信息无障碍服务研究[D].郑州：郑

州航空工业管理学院，2022.

［64］纪欣玫.基于视障群体的公共图书馆无障碍优化设计研究——以山东省图书馆为例［D］.济南：山东建筑大学，2021.

［65］张瑜.澳大利亚无障碍环境建设立法研究［D］.济南：山东师范大学，2018.

［66］孟凡娟.联合国残疾人权利主流化研究［D］.北京：北京理工大学，2018.

［67］华芮.公共图书馆面向残障读者的阅读推广服务研究［D］.福州：福建师范大学，2017.

［68］林仲佳.我国公共图书馆网站信息无障碍建设研究［D］.福州：福建师范大学，2022.

［69］吴粉平.安徽省地级市公共图书馆残障读者服务调查研究［D］.合肥：安徽大学，2022.

［70］张兆庭.长三角地区省级公共图书馆残障读者服务调查与研究［D］.贵阳：贵州财经大学，2021.

［71］沈洋洋.吉林省公共图书馆信息无障碍服务研究——以视障读者为视角［D］.太原：山西财经大学，2021.

［72］赵天缘.公共图书馆面向阅读障碍症群体的推广服务模型构建——基于阅读脑机制分析［D］.长春：吉林大学，2018.

［73］朱邦欣.扬州市公共图书馆残障读者服务的调查与分析［D］.福州：福建师范大学，2017.

［74］翟昊楠.残障人士信息无障碍权的法治保障研究［D］.开封：河南大学，2024.

［75］江蓝天.我国无障碍环境权益保护的司法困境与出路［D］.武汉：湖北大学，2024.

［76］樊梦.真基于主题活动的无障碍阅读推广研究［D］.开封：河南大学，2023.

［77］周琳.论信息无障碍权法律保障的现状、困境与对策［D］.开封：河南大学，2023.